はじめて学ぶ 子どもの養護

和田上貴昭・坪井　真　編著

阿部孝志・髙橋雅人・赤瀬川修・渋谷行成
近藤政晴・髙橋直之・中安恒太・野坂洋子
木村　秀・竹並正宏・嶋野重行　共著

建帛社
KENPAKUSHA

は し が き

　2017（平成29）年，「新しい社会的養育ビジョン」が厚生労働大臣の諮問によりまとめられた。前年の児童福祉法改正をふまえ，乳幼児の家庭養育優先原則の徹底などが示されている。自立支援においてはケア・リーバー（社会的養護経験者）の実態を把握することが明記されるなど，子どもの姿を尊重する方針が重視されている。さらに2022（令和4）年の改正では，児童自立生活援助事業の拡充により，必要に応じて施設内で年齢制限なく支援を行うことが示された。また，一時保護所の環境改善や子どもの意見聴取の新たな仕組みが構築された。このように社会的養護の分野では，子どもの権利擁護のための取り組みが年々，充実している。

　こうした時代の流れをふまえ，保育士養成課程において我々がすべきことは，適切な価値意識と専門性をもつ職員を養成することである。そのため本書は，保育士養成課程における「社会的養護Ⅰ」，「社会的養護Ⅱ」，および保育所以外の施設で行う「保育実習」，「保育実習指導」において使用することを想定し，次のように構成した。

　第1章から第4章では，社会的養護の基盤となる部分について説明しており，社会的養護の基本的な視点を理解することを目的としている。

　第5章から第7章では，日本における社会的養護の制度や法体系，職員について説明しており，社会的養護の仕組みを理解することを目的としている。

　第8章から第14章では，社会的養護の現場における具体的な取り組みや専門性について説明しており，現場で求められるスキルの理解を目的としている。

　本書の前身である『子どもの養護』は，1997（平成9）年，当時の「養護原理」「養護内容」科目の双方を網羅するテキストとして初版を発行した。以来，法制度や社会状況に合わせて版を重ねながらも，社会的養護の理論と実践を学ぶ教科書としてのコンセプトが変わることはなく，2018（平成30）年には

新たな保育士養成課程科目に合わせて，「社会的養護Ⅰ」，「社会的養護Ⅱ」に対応する改訂を行った。そして今般，先述した内容へと改めるにあたって，新たに執筆陣を迎え，『はじめて学ぶ子どもの養護』と書名も新たにして刊行した次第である。

　家庭の実態，社会の状況が変化すれば，子どもが置かれる状況も大きく左右される。社会的養護の役割も，それらに応じて変化してきたし，新たな課題が生じれば敏感に対応していかなければならない。そうした社会的養護を取り巻く変化の中にあっても，保育士養成課程における我々の使命は，先述したように適切な価値意識と専門性をもつ職員の養成であることに変わりはない。本書がそのための学びの一助となり，その学びが「子どもの最善の利益」へつながっていくことを願ってやまない。

2025年3月

編者　和田上貴昭

坪井　　真

● も く じ ●

第10章　社会的養護における支援計画

第11章　虐待問題と子どもの養護

第14章　福祉施設実習に向けて

【凡　例】

　本書では，「障害」と「障がい」の表記は，法律や医療，行政の用語として使用されるものは「障害」とし，福祉現場で一般に使用されている場合は「障がい」とした。

第1章

社会的養護の基本的考え方

●● アウトライン ●●

1．社会的養護とは

要点

◎家庭のもつ力が減少したことによって，どの家庭においても養育に困難を抱える可能性がある。

◎子どもの権利の観点から，子どもは家族とともに暮らすべきである。そのために国は家族を支える支援を行う必要がある。

◎社会的養護は，子どもの養育の場を提供するだけでなく，子どもの傷つきに対して，生活と治療の両面から癒していく必要がある。

キーワード

児童の代替的養護に関する指針　永続性（パーマネンシー）

2．権利擁護の観点から社会的養護を考える

要点

◎社会的養護は，適切な養育環境が提供されていなかった子どもへの権利擁護の取り組みである。そのために，家庭の代替である里親や施設養育の提供を行うとともに，家庭に戻って暮らせるための支援を行う。

◎子どもの権利が守れないために子どもを親子分離して保護する場合，永続性の観点から，子どもの将来にわたる生活を見据えた計画を立てる必要がある。

キーワード

児童の権利に関する条約　子どもの最善の利益　自立支援

１．社会的養護とは

（１）養育に対する認識の変化

　現代において社会的養護が必要とされる背景には，家族機能の脆弱化や家庭と地域社会とのつながりの希薄さがある。子どもがいる世帯と三世代世帯の減少は顕著で，核家族は増加している。さらに近年の離婚数の増加に伴い，ひとり親家庭も増加している（表１－１）。こうした背景により子育て世帯における大人の人数は減少傾向にある。子育て家庭において大人（主に親）は収入の獲得と，子育て，家事といった役割を担う。大人の数が少なければその分，負担は増加するとともに，その人に何かアクシデントがあった場合には，その家庭が窮地に陥るリスクは高まる。現代の子育て家庭は，どの家庭においてもそのリスクを抱えているといってよいであろう。

表１－１　児童数別，世帯構造別児童のいる世帯数の年次推移

年次	児童のいる世帯	世帯構造				
		核家族世帯	夫婦と未婚の子のみの世帯	ひとり親と未婚の子のみの世帯	三世代世帯	その他の世帯
	推計数（千世帯）（％）					
1986	17,364 (100.0)	12,080 (69.6)	11,359 (65.4)	722 (4.2)	4,688 (27.0)	596 (3.4)
1992	15,009 (100.0)	10,371 (69.1)	9,800 (65.3)	571 (3.8)	4,087 (27.2)	551 (3.7)
1998	13,453 (100.0)	9,420 (70.0)	8,820 (65.6)	600 (4.5)	3,548 (26.4)	485 (3.6)
2004	12,916 (100.0)	9,589 (74.2)	8,851 (68.5)	738 (5.7)	2,902 (22.5)	425 (3.3)
2010	12,324 (100.0)	9,483 (76.9)	8,669 (70.3)	813 (6.6)	2,320 (18.8)	521 (4.2)
2016	11,666 (100.0)	9,386 (80.5)	8,576 (73.5)	810 (6.9)	1,717 (14.7)	564 (4.8)
2022	9,917 (100.0)	8,374 (84.4)	7,744 (78.1)	629 (6.3)	1,104 (11.1)	439 (4.4)

注：2016年の数値は熊本県を除いたものである。／「その他の世帯」には，「単独世帯」を含む。
（資料　厚生労働省：2022（令和４）年 国民生活基礎調査の概況より作成）

　こうした窮地に陥った家庭の最たる状態が，現在，社会問題にもなっている児童虐待であろう。児童相談所の児童虐待相談対応件数は年々増加している（第11章参照）。ただし，『児童虐待の防止等に関する法律』が成立した当初と現在では，児童虐待と聞いて認識する事柄は大きく変化している。児童虐待が社会問題化してきたのは1990年代である。当時，児童虐待といえば激しい身体的虐待を思い浮かべる人が多かった。その後，ネグレクトという用語が知られるようになり，必要な養育行為を行わないことも虐待であることが認識された。そして，『配偶者からの暴力の防止及び被害者の保護に関する法律』（現：配偶者からの暴力の防止及び被害者の保護等に関する法律）が成立し，DV（ドメスティックバイオレンス）自体が権利侵害で，子どもがその場面を目撃すること（面前DV）は心理的虐待であることが知られるようになった。つまり，児童虐待と認識される内容が拡大していったのだ。

　養育における社会的認識は，時代，地域，宗教などにより異なる。先ほどの児童虐待の社会的認識の変化のように，養育において何が正しいのかは，その時代や国，地域における社会的認識が決定する。

（2）社会的養護における子どもの養育

1）『児童の代替的養護に関する指針』から

　社会的養護とは，保護者のいない子どもや家庭環境上養護を必要とする子ども（要保護児童）を対象に，国および自治体の責任において，その子どもの養育を行う取り組みのことを指す。現在，日本では社会的養護のもとで暮らしている子どもたちは4万2,000人ほどである。多くの子どもたちが実の親と暮らすことができず，公的な保護の下で暮らしている。児童虐待の社会問題化などに伴い，社会的養護は注目されるようになった。

　2009（平成21）年に国連で採択された『児童の代替的養護に関する指針』（以下，『指針』）は，社会的養護について『児童の権利に関する条約（子どもの権利条約)』の理念を示したものである。この『指針』の「代替的養護の必要性の予防」という項目では，子どもの権利の観点から，子どもは家族とともに暮らすべきであるから，「各国は，親の児童に対する養護能力を高め強化することを目的とした，一貫しており相互に補強し合うような家族指向の政策を

策定及び実施すべきである」（『指針』第33項）としている。子どもにとって家族の維持は重要であり，そのための施策を家族に提供すべきとの考えである。

　日本でも要保護児童対策地域協議会が『児童福祉法』に位置づけられ，要支援の段階で地域のネットワークを用いて親子分離をしないための取り組みが行われている。また，2015（平成27）年より始まった子ども・子育て支援新制度の取り組みにおいて，保育を必要とする子どもたちの保育だけでなく，地域の子育て支援ニーズをもつ家庭に対する取り組みが行われている。こうした取り組みは，子育て家庭だけでは子どもを育てることができない現状において，子育てにおける家族の負担を軽減し，社会的養護を利用する子どもたちの出現を予防することにつながると考えられる。

2）養護の提供

　子どもたちの支援においては，子どもの将来にわたる生活を見据えた計画を立てる必要があるため，永続性（パーマネンシー）は，社会的養護の実施において重要な概念である。『指針』では次のように記されている。

> 　養護環境の頻繁な変更は児童の発育及び愛着を形成する能力に悪影響を及ぼすため，避けるべきである。短期間の委託は，適切な永続的解決策を準備することを目的とすべきである。児童を核家族若しくは拡大家族に復帰させることにより，又はそれが不可能な場合には，児童を安定した代替的家族環境若しくは（中略）安定した適切な居住養護下に置くことにより，児童にとっての永続性を不当な遅滞なく確保すべきである。（『指針』第60項）

　ここでは，子どもの発達や愛着において，養育者が頻繁に変わるなどの状況は悪影響を及ぼすことから避けるべきと書かれている。アメリカやイギリスでは，社会的養護において里親委託が一般的であるが，里親との関係形成が適切でない場合に，次の里親に再委託され，それを繰り返すなどの状況がみられることがある。これは「里親ドリフト」などと表現される。被虐待体験等の影響などが指摘されているが，子どもにとっては複数回養育者からの「捨てられ感」を体験することとなり，避けるべき状況である。

　また，社会的養護を利用する子どもたちにとって，一時的に親と離れて暮らす必要があったとしても，社会的養護で提供されるのは子どもたちにとっての家族ではない。したがって社会的養護の利用は一時的であるべきとされてい

る。つまり，社会的養護はあくまでも一時的な保護の場であり，親と暮らすという子どもの権利を侵害している状況なのである。そのため，永続的な家族の提供が子どもの権利を保障するものとなる。この場合の永続的な家族の提供とは，実の親や親族と暮らすか，新たな家族（養子縁組）を行うかになる。

> 施設養護を提供する施設は，児童の権利とニーズが考慮された小規模で，可能な限り家庭や少人数グループに近い環境にあるべきである。当該施設の目標は通常，一時的な養護を提供すること，及び児童の家庭への復帰に積極的に貢献することであり，これが不可能な場合は，必要に応じて例えば養子縁組又はイスラム法のカファーラなどを通じて，代替的な家族環境における安定した養護を確保することであるべきである。（『指針』第123項）

施設養護は，子どもの生活環境としてふさわしいように，「小規模で，可能な限り家庭や少人数グループに近い環境」で提供されるべきことがここに記されている。近年，日本政府は大舎制と呼ばれる大人数（20名以上）の子どもが一つの生活単位となっている従来の児童養護施設の形態を改め，できるだけ小規模化した暮らしをめざす取り組みを進めてきた。具体的には，小規模グループケアや地域小規模児童養護施設といった，4人から6人の子どもが一つの生活単位となる施設形態である。一つの生活単位とは，そこに属する子どもたちが共同で使う風呂やトイレ，食事の場，調理の場などが準備され，担当の職員が配置されている状況を指す。

ただし，小規模化した施設は子どもたちの暮らしの場のゴールではなく，実の家族等，家庭での暮らしをめざすための一時的な生活の場となる。そして家庭への復帰が困難な場合，養子縁組などの代替的な家庭環境の場を子どもたちに提供することと記されている。

3）養護の提供後

社会的養護の対象となる年齢は各国により異なるが，先進国では概ね18歳を区切りとしていることが多い。ただしその年齢以降においても，子どもたちは課題をもち続けることが多く，各国で何らかの支援が提供されている。『指針』には下記のように記されている。

> 機関及び施設は，児童に関する業務のうち計画通りに終了したもの及び計画によらずして終了したものに関して，適切なアフターケア及び／又はフォローアップを確実に行うため，明確な方針を持ち，合意された手順を実施すべきである。養護の全期間を通じて，機

> 関及び施設は組織的に，とりわけ社会的スキル及びライフスキルの獲得によって児童に自立心をつけさせ，地域社会への完全な統合へ向けての準備をさせるべきであるが，社会的スキル及びライフスキルは地域社会の生活への参加によって養われるものである。（『指針』第131項）

　社会的養護の提供により地域社会で生活するための準備が行われるが，子どもたちの社会的スキルとライフスキルは，地域社会での生活を通して養われる。そのため，「アフターケアは養護実施のできるだけ早い段階から準備すべきであり，いずれの場合も，児童が養護環境を去るより先に準備すべきである」（『指針』第134項）とされている。また，「養護を離れる青年は，アフターケアの期間中も，社会的，法律及び保健サービス並びに適切な経済的支援が受けられるべきである」（『指針』第136項）と，社会的養護の提供後に自立生活を営む必要のある青年に対しての支援についても言及している。

　日本においても自立支援とアフターケアの重要性が近年指摘され，支援対象年齢の上限撤廃や自立支援担当職員の配置など，社会的養護を利用した人たちのその後の生活を支えることの重要性が認識されるようになっている。

2. 権利擁護の観点から社会的養護を考える

（1）社会的養護と子どもの権利

　子どもは一人では生きていけないため，親と暮らすことができない子どもたちを他者が代わりに養育する営みは古くから行われてきた。時代状況やその立場により異なるが，要保護児童を他者が育てる営みは，かわいそうだからという理由や，将来の働き手としての期待，治安上の問題に対する危惧，宗教的な思想などを背景にして行われてきた。近代国家設立過程において，こうした取り組みは公的な責任の下に行われるようになった（第2章参照）。

　現在の法定化された社会的養護における公的支援の根拠として最も重視されているのは，**子どもの権利擁護**である。子どもは生物的にも社会的にも未成熟なため，成熟し自立していくまでの間，親（またはそれに代わる養育者）の養育を必要とする。子どもにとって親（またはそれに代わる養育者）の養育は不可欠であるため，子どもは養育を受け，守られる権利をもつ。『児童の権利に

関する条約（子どもの権利条約)』では下記のように記されている。

> 家族が，社会の基礎的な集団として，並びに家族のすべての構成員，特に，児童の成長及び福祉のための自然な環境として，社会においてその責任を十分に引き受けることができるよう必要な保護及び援助を与えられるべきである。
> （児童の権利に関する条約　前文（抜粋))

『児童の権利に関する条約』は1989（平成元）年の第44回国連総会により採択された。日本は1994（平成6）年にこの条約を批准している。『児童福祉法』の第1条でも「児童の権利に関する条約の精神にのつとり」とあり，この条約は，わが国の児童家庭福祉の理念となっている。その中で家族は，「児童の成長及び福祉のための自然な環境」と位置づけられている。つまり，子どもの権利の観点からすると，子どもが家族とともに暮らすことは自然なことで，権利でもあるのだ。逆に，家族と暮らすことができない環境というのは，不自然で，権利侵害されていることになる。ただし，各国に社会的養護のシステムが存在するように，家族と暮らすことができない状況に置かれる子どもたちは世界中に存在し，そうした子どもたちは国の責任において養育環境が提供されている。

『児童の権利に関する条約』では次のように記されている。

> 1　締約国は，児童がその父母の意思に反してその父母から分離されないことを確保する。ただし，権限のある当局が司法の審査に従うことを条件として適用のある法律及び手続に従いその分離が児童の最善の利益のために必要であると決定する場合は，この限りでない。このような決定は，父母が児童を虐待し若しくは放置する場合又は父母が別居しており児童の居住地を決定しなければならない場合のような特定の場合において必要となることがある。
> 2　すべての関係当事者は，1の規定に基づくいかなる手続においても，その手続に参加しかつ自己の意見を述べる機会を有する。
> （『児童の権利に関する条約』　第9条第1項および第2項）

親子の分離はあくまでも「**子どもの最善の利益**」の観点から必要であると判断された場合のみ，認められている特別な事柄である。そしてその決定に際して，当事者である子どもは「自己の意見を述べる機会を有する」。『児童の権利に関する条約』の意義として，子どもを権利行使の主体とした点は，この条約を特徴づけているが，子ども自身の人生における重要な局面において，自己の

意見を表明する権利を保障している点は重要である。

　かわいそうな子どもに養育の場を提供してあげているのではなく，子どもの育ちには家族（または家庭）が不可欠であり，それを子どもたちが手にすることは当然の権利であるからだ。条約の第20条に記されている，親子分離の決定後に「特別の保護及び援助」を受けることは当該子どもにとって権利であり，この「特別の保護及び援助」を提供するための「代替的な監護」が，社会的養護である。

　つまり，現代の社会的養護は，子どもの権利擁護の観点から法規定されているのである。

1　一時的若しくは恒久的にその家庭環境を奪われた児童又は児童自身の最善の利益にかんがみその家庭環境にとどまることが認められない児童は，国が与える特別の保護及び援助を受ける権利を有する。
2　締約国は，自国の国内法に従い，1の児童のための代替的な監護を確保する。
3　2の監護には，特に，里親委託，イスラム法のカファーラ，養子縁組又は必要な場合には児童の監護のための適当な施設への収容を含むことができる。解決策の検討に当たっては，児童の養育において継続性が望ましいこと並びに児童の種族的，宗教的，文化的及び言語的な背景について，十分な考慮を払うものとする。
（『児童の権利に関する条約』第20条）

（2）子どもが子どもらしく暮らせるために

　社会的養護が対象とする子どもたちの年齢は原則0歳から18歳までと幅広く，それぞれの年齢において必要となる養育内容は異なる。そしてこの期間はその後の社会生活に影響を与える人格形成において大変重要な時期である。これまで見てきたように，子どもたちにとって家庭で暮らすことは権利であるが，それは同時に子どもの育ちを支える上で最も適切な場である。固定化された少人数の家族成員によって暮らしを営むことは，お互いのちょっとした変化にも気づきやすく，子ども発達支援の観点からも適していると考えられる。

　しかしながら，社会的養護を利用している子どもたちの多くは虐待被害等の不適切な養育体験を経験しているため，高度な専門性をもった専門職による治療的な関わりの中で，不適切な体験による傷つきを癒す必要がある。これは単なる家庭の提供だけで解消されるものではない。

　そのため現在の社会的養護は，親と暮らすことのできない子どもたちに対する家庭の代替（もしくは一時的な代替）を提供することでは不十分である。子どもが子どもらしく暮らすことのできる家庭を提供すると同時に，傷ついたことにより身についてしまった不適切な言動や情緒の不安定さを解消するための治療的な養育が必要となる。この取り組みは精神科医や心理療法担当職員などの治療を目的とする専門職だけで担われるわけではない。保育士や児童指導員などの生活支援を担う専門職との日々の暮らしの営みが重要な役割を果たしていく（詳細は第９章）。

　大人は子どもを殴るものだと信じている子どもがいるならば，保育士は殴らない大人がいることを示す必要がある。人は感情のままに相手を傷つけると信じている子どもがいるならば，保育士が適切な感情の表現の仕方を暮らしの中で実践していけば，異なる方法があることを子どもは知る。ひとりぼっちだと信じている子どもに日々寄り添うことで，子どもは自分がひとりでないことを知る。こうした関わりは治療という非日常的な空間で体験するものではなく，毎日の暮らしの中で体験するものである。

　下記の文章は1997（平成９）年の『児童福祉法』改正時，社会的養護を担う施設に利用児童に対する自立支援の役割が明記された際に，その内容について解説しているものである。自立には身体的自立，精神的自立，社会的自立，経済的自立などがあるが，児童養護施設等における子どもの自立の場合，経済的自立をイメージすることが多い。しかし，下記の文章は，施設養護における自立支援について，対象となる子どもたちの状況をふまえて説明している。

　児童の自立を支援していくとは，一人ひとりの児童が個性豊かでたくましく，思いやりのある人間として成長し，健全な社会人として自立した社会生活を営んでいけるよう，自主性や自発性，自ら判断し決定する力を育て，児童の特性と能力に応じて基本的生活習慣や社会生活技術（ソーシャルスキル），就労習慣と社会規範を身につけ，総合的な生活力が習得できるよう支援していくことである。もちろん，自立は社会生活を主体的に学んでいくことであって孤立ではないから，必要な場合に他者や社会に助言，援助を求めることを排除するものではない。むしろそうした適切な依存は社会的自立の前提となるものである。そのためにも，発達期における十分な依存体験によって人間への基本的信頼感を育むことが，児童の自立を支援する上で基本的に重要であることを忘れてはならない。
（厚生省児童家庭局家庭福祉課監修：児童自立支援ハンドブック，日本児童福祉協会，1998，p.18）

　上記の文章では，子どもが自立した社会生活を営むためには「発達期における十分な依存体験によって人間への基本的信頼感を育むこと」が必要であるとしている。子どもは発達の観点から見て未熟である点が多い。だからこそ大人に依存しなければ生きていけない。適切な依存を繰り返すことで人を信頼できる力を身につけていく。

　傷ついた子どもを育てる営みにおいて児童養護施設の職員や里親等は，時に裏切られ，傷つけられることもあるが，それらは傷つきを背景にした大人に対する依存である。こうした依存を暮らしの営みの中で受け入れていくことで，子どもは子どもらしく育つことができるのである。

　そして繰り返しになるが，こうした自立支援は子どもの権利として提供されるべきである。

■**参考文献**
・厚生省児童家庭局家庭福祉課監修：児童自立支援ハンドブック，日本児童福祉協会，1998

第2章 子どもの社会的養護の歴史

●● アウトライン ●●

1. 欧米における児童福祉観の変遷と子どもの社会的養護

要点

◎イギリスでは，中世を過ぎた頃から宗教的な救済が難しくなる中，国家による貧困者，孤児の救済の必要が生じてきた。産業革命以降，子どもは労働力とみなされ，その過酷な労働が問題になってくる。その改善の過程において，児童観（子どもに対する個人・社会の認識）は移り変わってきた。1800年代後半には，児童を保護する施設も開設された。第二次世界大戦後は，児童の保護について行政責任が明示され，里親委託が望ましい児童の処遇のあり方が示されるようになる。

◎アメリカでは，1900年代初頭に，児童福祉の原則が示され，里親委託や家庭養護の方向が望ましい児童福祉のあり方として示されるようになり，第二次世界大戦後には，家庭を含む福祉の制度が制定されるようになった。

キーワード

ジョージ・ミュラー　バーナード・ホーム　ゆりかごから墓場まで(ベヴァレッジ報告)
ホワイトハウス会議

2. 日本における児童福祉観の変遷と子どもの社会的養護

要点

◎わが国の社会的養護は，記録上では飛鳥時代の聖徳太子による救済事業に始まるといわれている。明治時代以降は，近代化が進むものの，国家による子どもへの保護は十分とはいえず，篤志家による救済事業が子どもの保護，救済の中心的役割を担ってきた。

◎第二次世界大戦直後は，親を失った孤児に対する保護の必要が生じ，『児童福祉法』の制定によって，児童の健全育成の責任が国や公的機関にあると示された。その中で児童福祉施設の設置が法的に規定された。そのあり方においては，施設で暮らす子どもの特徴をふまえ，施設養護や家庭的養護それぞれの立場での議論が活発になった。

◎1990年代からは，児童虐待の問題に伴い，里親やファミリーホームにおける家庭養護，施設における小規模化や家庭的な養育環境の提供の方向が示されるようになった。

キーワード

岡山孤児院　石井十次　家庭学校　児童福祉法　ホスピタリズム　多機能化
小規模化　児童の権利に関する条約　家庭的養育環境の原則

1——欧米における児童福祉観の変遷と子どもの社会的養護

（1）イギリスにおける子どもの社会的養護

1）エリザベス救貧法

中世の封建制度下では，孤児や棄児，あるいは村落などの共同体によって救済されない者は，キリスト教を中心とする宗教的な慈善活動を通して，修道院などによって救済されていた。

イギリスでは，15世紀末になると封建社会が解体されるに伴い，農地をもつ地主が台頭し，地主による農地の囲い込みが起きた。農地を手放さざるを得なくなった者は都市部に流入した。すでに都市部においては相互扶助をする共同体，例えばギルド（職業組合）などは衰退してきており，宗教改革によって教会による救助も多くは期待できない状況となった。そのような状況下で，都市部に流入した者たちの多くが物乞いをしたり，あるいは浮浪者となったりしていき，スラム（slum＝不良住宅）街が形成されるようになっていった。

そうした中で16世紀の半ば以降，イギリスでは貧困者や孤児，社会から逸脱した人々を包摂する国家としての救貧の思想が現れ，1601年には『**エリザベス救貧法**』が制定される。しかしこの法律は，貧民対策として貧困者を管理する意味合いや治安をよくするという性格のものであった。この治安の管理方法では，一つの教会を中心とした教区と呼ばれる地区を単位として，そこに貧困管理官が配置され，実際の管理業務が行われた。その対象者が貧民，子どもであった。『エリザベス救貧法』では，救済の対象者は三つに分けられた。①労働可能な貧民，②労働不能な貧民（病人や障がい者，老衰している者），③親などの扶養の義務をもつ者によって養育されなくなった者，である。

このように『エリザベス救貧法』は，労働ができる者を対象とし，それらの者に対して，強制労働や扶養，8～24歳の男子については徒弟奉公がなされた。教区徒弟制度と呼ばれる方法が取られ，教区ごとの徒弟先で職業の技術習得，向上がめざされていた。しかし，最低限度の生活ができる程度であり，また無賃労働となっていた。女子については21歳まで（あるいは婚姻するまで）家事の従事がなされた。働くことのできない幼い子どもについては，救貧院

（ワークハウス）に収容された。ちなみに，この時代の収容施設に子どものみの施設は存在せず，救貧院は働く能力がない者を収容する施設であった。

2）産業革命後の子どもの処遇

18世紀末から19世紀に起きた産業革命によって，イギリスでは工場制機械工業（マニュファクチュア）による生産方法が浸透し，工場の生産性が格段に向上するとともに，多くの労働者が必要とされ，子どもは低賃金で雇用されていた。そこでは徒弟制度による児童の過酷な労働が行われており，一方で児童の保護運動も展開されるようになっていった。

1802年，イギリスでは『徒弟の健康と特性を守るための法律』が成立する。自身が徒弟の経験をもち，紡績工場主にもなったロバート・オーウェンは「空想的社会主義」を提唱し，子どもの環境改善の活動を行う中で，そのために必要な法律の制定を政府に要請した。そして1833年，イギリス政府は，『**工場法**』を制定する。この『工場法』では最低雇用年齢を9歳とし，13歳未満の子どもの最長労働時間を9時間とした。また，子どもの夜間労働を禁止し，一日2時間の通学を義務とした。この法律では，従来のように「小さな大人」として子どもの労働が当たり前であるという考え方から，子どもには独自の世界があることを大事にするという考え方に変わり，児童観の変化が生じている。

この時代，子どもだけの施設はほとんど存在していなかったが，1836年にはジョージ・ミュラーが，**ブリストル孤児院**を設立している。

当時の救貧者に対する収容施設では，収容の対象となった子どもは，働く能力のない大人や高齢者，障がい者などとともに収容されていた。こうした収容の方法を「混合収容」と呼ぶ。さらに，そうした子どもに対する処遇は，劣等処遇の原則が取られていた。**劣等処遇**とは，救済を受ける者は，救済を受けてない最底辺の労働者の生活よりも低く処遇されるという原則である。

そうした中，子どもに対するこれらの救済方法の反省が生じてくる。そして，子どものみを対象とした施設，すなわち孤児院が設立されるようになり，子どもと大人を別々に収容する分離処遇が具現化していく。1844年には，イギリス議会は，子どもと大人を分離して収容することを決定した。そこでは，読み書きなどの教育に関わることも処遇の一つとなっていた。

1870年頃になると，児童を保護する目的とする施設が多く開設された。中で

も浮浪児に対する救済事業を行ったのが，トーマス・ジョン・バーナードで，1870年に**バーナード・ホーム**を開設した。この施設は，24時間の救済保護の受け入れ，人数や年齢，性別，宗教にかかわりなく，また障がい児も受け入れるという施設事業を行った。1868年の『救貧法』では，里子委託が可能になっていたが，バーナードは1887年以降，5〜9歳の児童を対象として，希望する里親に対して直接に家庭訪問を行った上で，里子委託を実施している。

3）児童福祉の法制度の確立

1908年には，要保護児童と非行少年の処遇を目的とした『児童法』が制定される。この法律では，犯罪・非行の少年・児童を成人から分離し，児童の権利を保護する規定が設けられた。また遺棄された児童の保護，被虐待児の保護，14歳以下の者に対しての実刑を廃止することが規定された。1926年には，未成年児童の保護や福祉を目的とした養子縁組に関わる『**養子法**』が制定される。

1933年には『**児童青少年法**』が制定され，児童は0〜13歳，青年は14〜17歳と定義され，児童の福祉と更生について規定された。この法では，少年裁判所により保護が必要と認められた場合の児童についての処遇が示された。

第二次世界大戦中に，「ゆりかごから墓場まで」という言葉で知られている**ベヴァリッジ報告**が1942年に提出された後，1948年には家庭のない児童に対する保護の行政責任を示した『**児童法**』が制定された。この『**児童法**』では家庭養育の考え方が示され，里親への委託が子どもの養育にとって最も望ましい理想的な方法としてあげられるとともに，施設委託は里親委託が困難な場合にとられるべき方法として示された。

非行少年への対応としては，1963年に制定された『**児童青少年法**』がある。この『**児童青少年法**』では，地方自治体が青少年の非行防止に責任をもつことが明確にされている。

（2）アメリカにおける子どもの社会的養護

アメリカでは，セオドア・ルーズベルト大統領のもとで1909年に「要保護児童の保護に関する会議」が1909年に招集された。これを**第1回全米児童福祉会議（白亜館会議またはホワイトハウス会議）**と呼ぶが，この会議では，福祉，保健，教育といったさまざまな専門家が招集され，児童福祉の原則が提唱され

た。この会議をきっかけにしてアメリカは，里親委託や家庭養護の方向へと舵を切ることになったといわれている。この第1回会議では「家庭は人類が想像した最も美しい文明の所産である。児童は緊急なやむをえない理由がない限り，家庭生活から引き離されてはならない」と声明され，家庭生活の重要性とともにその家庭での生活が難しい場合による方法として，里親委託が提唱された。また施設入所についても，いわゆる小舎制の施設への入所が優先視された。第3回全米児童福祉会議では，『アメリカ児童憲章』が採択され，アメリカの市民権利に基づく子どもの権利についての誓約が明示された。

　1929年に始まる世界大恐慌に対して，アメリカではフランクリン・ルーズベルト大統領がニューディール政策という新たな経済政策を実施した。この政策では，失業，貧困者の増加の解消が目的とされ，この政策の一環として成立した法律が，1935年の『社会保障法』である。この法律では，失業保険や年金制度が規定されるとともに，要保護児童や肢体不自由児，また母子福祉などを含めた家庭福祉制度が規定された。

2──日本における児童福祉観の変遷と子どもの社会的養護

（1）明治時代以前の子どもの社会的養護

　聖徳太子は，593年に仏教思想に基づいて四つの寺（四天王寺）を建立した。それらを総称して四箇院と呼び，それぞれが異なる救済事業を担っていた。敬田院は仏教的教化を目的とした施設，施薬院は貧窮病者への薬の無料配布施設，寮病院は貧窮病者のための医療施設，悲田院は貧窮病者や孤児の収容施設であり，中でも救済事業を行っていた悲田院は，わが国の救済事業の記録として最も古いとされている。この悲田院では，その救済する目的として孤児や棄児，貧困者を収容していた。また，奈良時代における孤児や棄児の救済事業として，723年に光明皇后（聖武天皇の皇后）が建立した悲田院が子どもの救済事業を行っていたことや，764年に和家広虫（孝謙上皇の女官）が飢餓状態や病気になっている子どもを救済したとの記録が残されている。

　鎌倉，室町時代においても，仏教的思想に基づいて僧侶が棄児や病人の救済のため施設収容を行っており，キリスト教が伝来する室町末期には，キリスト

教関係者による貧民の救済事業も始められるようになったが，全体的にごく一部が救済事業を行っていたにすぎない。

江戸時代には，幕府による救済事業が展開された。近隣の五戸を一つの単位とする「**五人組制度**」は，相互扶助の制度として活用された。連帯責任の性格をもつ五人組制度には，例えば孤児や棄児，間引きの禁止が含まれていた。

（2）明治時代の子どもの社会的養護

明治時代に入ると，政府は殖産興業によって経済の振興を図り，富国強兵によって軍事力を高めていく中で，西洋近代国家に匹敵する国家を形成すべく近代化を推し進め，資本制による生産，工場生産は，生活様式を一変させた。しかし，新たな生活が求められる状況が生み出されたとはいっても，貧困による孤児，堕胎や間引きという事態が急激に変化したわけではなかった。そこで政府は，新しい体制の下で定められた救済方法を示す必要が生じていた。

児童については，1868（明治元）年に『**堕胎禁止令**』が公布され，さらに1871（明治４）年には『**棄児養育米 給与方**』が制定された。この『棄児養育米給与方』では，子どもが13歳に達するまでに年間７斗（１日２合分）を支給するとした。さらに，1873（明治６）年には，『**三子出産の貧困者への養育料給与方**』が制定された。この養育料給与方では，第三子を出産した貧困家庭を対象に，養育一時金として５円を支給するとした。

1874（明治７）年には，全国的な救貧制度として『**恤 救 規則**』が公布される。この法律において，明治政府は，全国的に一体化された窮民の救済方法を設けることとなり，この法律はその後57年間も存続する。子どもの規定については，13歳以下の子どもに対して当初１年間７斗の米を支給するとした。

もとより，この時代，公的な救済行政は十分とはいえず，子どもを対象とした慈善事業または育児事業を行っていたのは，宗教家等をはじめとする民間の篤志家たちであった。1869（明治２）年，日田県（現在の大分県）知事であった**松方正義**が行政の資金とともに地元の有力商人や医師，町方などの有志が寄付金を出し合うことで**日田養育院**を設立した。この施設は，孤児や貧困児，棄児の防止，貧困妊婦の保護を目的としていた。

キリスト教関連では，カトリック修道女**マリジステン・ラクロット**らが横浜

に1872（明治５）年に**仁慈堂**を設立している。この仁慈堂は，横浜に在住する外国人の子どもに対する教育と日本の孤児の保護，養育を目的としていた。また，フランス人宣教師と**岩永マキ**らが，1874（明治７）年に長崎に**婦人同志育児所**（後に**浦上養育院**となる）を設立した。この婦人同志育児所は，流行した天然痘によって親を失った孤児の救済をきっかけとして始められた。さらに，1883（明治16）年には**高知育児会**，1886（明治19）年には**愛知育児院**などの慈善・救済事業施設が設立された。また，1879（明治12）年には，仏教の慈善団体であった**福田会**が**育児院**を設立しているが，この福田会は，今川貞山らが仏教の各宗派に声をかけ設立された団体である。

　子どもを対象とした慈善事業や育児事業が各地で展開されていく中で，**石井十次**が設立した**岡山孤児院**はその代表的な存在といえる。石井は，キリスト教の考えをもとにジョージ・ミュラーらの考え方に影響を受けながら，1887（明治20）年に孤児院を開設する。岡山県の寺を利用して設立した孤児教育会という孤児院が後に，岡山孤児院と呼ばれる。1891（明治24）年の濃尾大地震における震災孤児たちを93名保護・救済したことで，岡山孤児院の名が全国に知られた。1906（明治39）年にはイギリスのバーナード・ホームを参考にした「家族制度」を院内で実施した。「児童福祉の父」と呼ばれる石井十次は，岡山孤児院を通して，近代的な児童養護施設の原型を構築した。

　障がい児施設については，**石井亮一**によって設立された**滝乃川学園**が最初の知的障がい児施設といえる。石井は，濃尾大地震で被災した女児を引き取り，1891（明治24）年に**孤女学園**を設立した。その子どもの中に知的障がいの子どもがいたことをきっかけにして，石井はアメリカでの知的障がい児教育を学び，その後に孤女学園を滝乃川学園と改称し，知的障がい児の施設として障がい児教育を行った。石井は，知的障がい児に教育を行うことを重視したので「知的障がい児教育の父」といわれている。1909（明治42）年には，**脇田良吉**が京都に知的障がい児の教育施設として**白川学園**を設立した。

　非行少年・犯罪少年に対する保護や教育については，明治期になると欧米の**感化教育**の考え方が知られるようになる。感化教育とは，非行や犯罪をした者を矯正的な教育によって社会に復帰させることをいう。1883（明治16）年に**池上雪枝**が大阪の自宅に不良少年を収容保護する施設を開設しているが，実質的

な感化教育の始まりとしては，1885（明治18）年に**高瀬真卿**が**予備感化院**（翌年に**東京感化院**と改称）を設立したことによる。また，同時期の感化院としては，仏教寺院が共同で1886（明治19）年に設立した**千葉感化院**もある。さらに，1899（明治32）年には，**留岡幸助**が東京巣鴨に**東京家庭学校**を設立した。家庭学校は，施設名に，従来の感化院という名称があえて用いられていない。それは，留岡がキリスト教的ヒューマニズムに基づき，「不良少年の多くは悪しむべきものにあらずして寧ろ憐れむものなり」とし，家庭を重視した教育内容を非行少年に対して実践したからであった。

国全体による非行少年・犯罪少年に対する保護関連では，1900（明治33）年に『**感化法**』が公布された。感化法では，８〜16歳の非行・犯罪少年を対象とした感化院の設置が規定された。この時点では，感化院の設置は地方自治体の任意であったため，全国的な設置には至っていなかった。その後，1908（明治41）年の『感化法』改正に伴い，３年間で37施設へと増加している。

（３）大正・昭和初期の子どもの社会的養護

1914（大正３）年に開戦した第一次世界大戦を通して会社や工場が増加し，その労働者が増える中で都市生活者も増加した。賃金は上昇するものの，それに合わせて物価の上昇がもたらされ，都市部の低所得者や出稼ぎ労働者の生活は困窮し，また，1920年代の金融恐慌によって失業者が大量に出現した。

この時期，乳幼児死亡率は大阪で二割を超えており，また貧困によって就学できない子どもが増加した。そうした中，国の政策において，社会が連帯して責任をもつという考え方の社会事業行政が広まっていく。1917（大正６）年に内務省地方局に救護課が新設され，その後1919（大正８）年にはその救護課が社会課と改称されている。1920（大正９）年には内務省に社会局が設置され，子どもの保護に特化して管轄する部署が初めて設立された。

知的障がい児の施設としては，1916（大正５）年に**岩崎佐一**が大阪に**桃花塾**を設立している。また，**川田貞治郎**が1919（大正８）年に伊豆大島に**藤倉学園**を設立している（前身は1911年に茨城に設立された日本心育園）。肢体不自由児の施設では，1921（大正10）年，**柏倉松蔵**がわが国で最初の肢体不自由児施設となる**クリュッペルハイム柏学園**を設立する。

　また，1916（大正５）年に**高木憲次**が東京の下町で肢体不自由児への巡回の療育相談を開始している。高木は「肢体不自由児の父」と呼ばれ，教育と養護，リハビリテーションを兼ね備えた肢体不自由児施設の必要性から1932（昭和７）年に**光明学校**を設立し，1942（昭和17）年には療育施設として日本初となる**整肢療護園**を開園する。

　1933（昭和８）年には，監護者の保護責任違反や児童の労働における業務についての規制，禁止内容を定めた『**児童虐待防止法**』が制定された。

　少年の非行関連については，1933（昭和８）年に『感化法』が全面改正され，『**少年救護法**』が制定された。この改正では，これまで使用されていた感化という言葉が教護という言葉に改められ，少年教護院の設置が定められ，非行少年の予防や教育について力点が置かれることになった。

　母子世帯を対象とした救貧制度として，1937（昭和12）年に『**母子保護法**』が制定された。この法律による扶助内容は，生活扶助，養育扶助，生業扶助および医療であった。

表２－１　明治・大正期における社会的養護の動き

年		救済関係の法令	児童養護関連の動き
1968	明治元	『堕胎禁止令』	
1869	同２		松方正義が日田県に日田養育館を設立
1871	同４	『棄児養育米給与方』	
1872	同５		修道女ラクロットが横浜に仁慈堂を設立
1873	同６	『養育料給付方』	
1874	同７	『恤救規則』	岩永マキらが長崎に浦上養育院を設立
1879	同12		今川貞山らが東京に福田会育児院を設立
1885	同18		高瀬真卿が私立予備感化院（東京感化院）を設立
1887	同20		石井十次が岡山孤児院を設立
1889	同22	『大日本帝国憲法』	
1890	同23		赤沢鐘美が新潟静修学校を設立
1891	同24		石井亮一が孤女学園（後の滝乃川学園）を設立
1899	同32		留岡幸助が東京家庭学校を設立
1900	同33	『感化法』	野口幽香らが東京に二葉幼稚園（保育園）を設立
1909	同42		脇田良吉が京都に白川学園を設立
1916	大正５		岩崎佐一が大阪に桃花塾を設立

（４）戦後の子どもの社会的養護

　第二次世界大戦直後，孤児となって親を失った子どもたちが，街中で浮浪生活をしていた。そうした孤児たちは「戦災孤児」や「引き揚げ孤児」と呼ばれ，緊急に保護する必要に迫られた。政府は，1945（昭和20）年，『戦災孤児保護対策要綱』を告示し，各自治体における児童保護の対策整備に乗り出したが，そこには治安維持の意味合いが色濃くあった。

　1946（昭和21）年には，児童保護はもとより，児童の健全育成の責任が国などの公的機関にあることを明示した『**児童福祉法**』が制定された。この『児童福祉法』は『**日本国憲法**』第25条の「**生存権**」に基づき，すべての子どもが福祉の対象とされることが規定された。さらに同法は，児童福祉施設として，助産施設，乳児院，母子寮（現，母子生活支援施設），保育所，児童厚生施設，養護施設（現，児童養護施設），精神薄弱児施設（現，障害児入所施設），療育施設（現在は児童養護施設に含まれる），教護院（現，児童自立支援施設）の９種類が位置づけられた。また里親制度や，児童福祉の行政機関として児童相談所の設置が規定された。

　1951（昭和26）年には，『日本国憲法』の精神に基づき，望ましい児童観を国民に啓発する『**児童憲章**』が公布された。その前文では「児童は，人として尊ばれる。児童は，社会の一員として重んぜられる。児童は，よい環境の中で育てられる」とされ，児童の権利保障を重視する啓発が行われた。

　『児童福祉法』の制定と同時期に，養護理論の確立をめざして，一般児童と施設入所児童との比較調査が行われるようになった。最初のものとしては1950年代初頭，谷川貞夫を中心に調査研究「ホスピタリスムスの研究」が実施され，入所児童の特徴，社会性，心理的発達面，身体面についての調査が行われた。この調査にも参加した堀文次（児童養護施設石神井学園の施設長）が1950（昭和25）年に論文「児童養護理論の確立の試み」を発表し，入所児童の特徴的性格を指摘した。その特徴には，忍耐力，社会性，意思，生活力のそれぞれの弱さがあげられた。こういった施設入所児童の特徴は**ホスピタリズム**あるいは**施設病**ともいわれた。また，1951（昭和26）年，イギリスの精神科医ジョン・ボウルビィを中心とした世界保健機関（WHO）の調査研究「**ボウルビィ報告**」おいても，施設入所児童について家庭的な状況での養育，養護の重要性

が指摘された。さらに堀文次が家庭的養護理論として小規模単位での養護や家庭的状況での養護の重要性を提唱してから，施設養護についての活発な議論が展開されるようになった。それに対して1960年代以降は，施設否定論に反対する積惟勝らによって，集団の中で規律的な生活を営むことを重視し，集団生活のプラスの側面を重視する養護論が提唱される。児童への消極的な見方に立たず，養護施設が人間教育の場であることを重視する児童観に立つ集団主義養護論が「全国児童養護問題研究会」によって展開されるようになってくる。

高度経済成長期の1960年代，1968（昭和43）年に国民総生産（GNP）はアメリカに次いで世界第２位となり，一般の国民の生活水準は大幅に向上した。その結果，孤児，棄児などの経済的理由による要保護児童は減少をみせるが，子どもの育ちや学び，非行等の問題が経済的な面以外の要因と絡むようになり，子どもをめぐる状況がより複雑に変化していった。

また，1960年代は『児童扶養手当法』（1961（昭和36）年）の制定をはじめ，家庭での子どもの扶養における補助の手当が立法化された。1964（昭和39）年には『母子福祉法』（現『母子及び父子並びに寡婦福祉法』），1965（昭和40）年には『母子保健法』が制定され，母子についての法的整備が進められた。

（5）子どもの権利と社会的養護の今日的方向性

子どもの権利の国際的宣言としては，1924年に国際連盟において採択された『児童の権利に関するジュネーブ宣言』，1948年の国際連合総会において採択された『世界人権宣言』に基づく1959年の『児童権利宣言』（国際連合）がある。

近年，わが国の児童福祉施策に大きな影響をもたらしたのが，国際連合において採択された1989（平成元）年の『児童の権利に関する条約』（『子どもの権利条約』）である。この条約は，わが国も1994（平成６）年に批准している。

1990年代以降，子どもの権利擁護や児童虐待の問題，施設養護のあり方をめぐって，わが国でも多くの議論が行われるようになり，保護者のない児童や家庭環境の上で養護を必要とする児童に対して，公的に養護を行う社会的養護が推進されるようになる。特に社会的養護の供給体制は，施設の小規模化，家庭的養護（里親等）の推進，施設の機能が見直されるようになる。

　諸外国の家族政策費に比べわが国の家族政策費は低く，未来を担う子どもたちの健やかな育成を支援する次世代育成という観点から，児童家庭福祉の理念に照らし合わせて社会的養護の具体的な施策が図られている。

　わが国における要保護児童の社会的養護は，施設養護と家庭的養護に大別される。施設養護についていえば，乳児院，児童養護施設，児童心理治療施設（旧・情緒障害児短期治療施設），児童自立支援施設をはじめとして，地域の中での生活を目指した小規模形態が制度化されている。

　1997（平成9）年には，『児童福祉法』が戦後50年を経て大幅に改正され，各施設の目的に児童の自立支援が明記され，養護施設は児童養護施設へ，母子寮は母子生活支援施設へ，教護院は児童自立支援施設へと名称変更された。加えてこの改正で，**児童自立生活援助事業**（自立援助ホーム）が創設された。

　2000（平成12）年には，より家庭的な養護をめざし，**地域小規模児童養護施設**（グループホーム）が制度化された。2002（平成14）年には『里親の認定に関する省令』および『里親が行う養育に関する最低基準』の制定に伴い，里親の種類として養育里親，短期里親，親族里親，専門里親が創設された（2009（平成21）年の里親制度の改正により，養育里親，養子縁組を希望する里親，専門里親，親族里親の4種類となっている）。特に専門里親は，要保護児童の中でも特に支援が必要な児童への養育を行う里親制度であり，例えば，児童虐待等により心身に有害な影響を受けた児童を対象としている。この新たな制度化により，里親制度は社会的養護の中での位置づけが重要視されるようになった。

　1999（平成11）年に乳児院に配置されたのが，**家庭支援専門相談員**（ファミリーソーシャルワーカー）である。2004（平成16）年からは，児童養護施設等にも配置された。この家庭支援専門相談員は，虐待等の家庭環境上の理由により施設に入所している児童の保護者に対して，早期の家庭復帰や里親委託のための支援を行い，親子関係を再構築する役割を担っている。

　2008（平成20）年の『児童福祉法』改正に伴い，里親支援の機関が創設され，また，**小規模住居型児童養育事業**（ファミリーホーム）が翌2009（平成21）年に創設された。この法改正により，養育里親は養子縁組を前提とする養子縁組里親と区別された。また，アフターケアを充実させるため，児童自立生

活援助事業（自立援助ホーム）の対象年齢が20歳未満に拡大された。

　児童虐待関連の施策動向をみてみると，厚生労働省は，2011（平成23）年，被虐待児の増加に伴い，『児童福祉施設最低基準』（現『児童福祉施設の設備及び運営に関する基準』）を改正し，入所児童に対する処遇職員の比率を増加させた（この増加は，翌年も実施された）。この制度改正は，1979（昭和54）年から30年を経ての大幅な変更であった。また，2011（平成23）年には，児童虐待防止の観点から『民法』が改正され，虐待をする親の親権を制限できる制度が設けられた。改正前の『民法』では，虐待をする親から子どもを守るために行う親権制限の制度としては，期限を定めずに親権または管理権（子どもの財産を管理する権利権）を行使できないようにする「親権喪失制度」と「管理権喪失制度」があるのみであった。この改正によって，期限付き（２年の期限付き）で親権を制限できる「**親権停止制度**」が創設された。

　社会的養護全体の動向をみてみると，2011（平成23）年に社会保障審議会からは「社会的養護の課題と将来像」が示され，支援を必要とする児童の多様化，複雑化を受けて，社会全体で公的責任をもって，虐待を受けた子どもなどを保護し，健やかに育んでいくことが明示された。子どもの養育における社会的養護の役割としては，①子どもの養育の場としての社会的養護，②虐待等からの保護と回復，③世代間連鎖の防止，④ソーシャルインクルージョン（社会的包摂）が示されている。なかでも家庭的養護の推進が明示され，家庭的養護（里親，ファミリーホーム）を優先するとともに施設養護（児童養護施設，乳児院等）もできる限り家庭的な養育環境（小規模グループケア，グループホーム）の形態に変えていくことが方向性として示された。

　社会的養護の養育に関連してみてみると，2016（平成28）年には『児童福祉法』改正により，子どもが権利の主体であること，実親による養育が困難であれば，里親や特別養子縁組などで養育されるよう，家庭的養育環境優先の理念が規定された。それとともに，国・地方公共団体（都道府県・市町村）の責務として家庭と同様の環境における養育の推進等が明記された。2017（平成29）年には，その具体策として「新しい社会的養育ビジョン」が示され，①市区町村を中心とした支援体制の構築，②児童相談所の機能強化と一時保護改革，③代替養育における「家庭と同様の養育環境」原則に関して乳幼児から段階を

追っての徹底，家庭養育が困難な子どもへの施設養育の小規模化・地域分散化・高機能化，④永続的解決（パーマネンシー保障）の徹底，⑤代替養育や集中的在宅ケアを受けた子どもの自立支援の徹底などをはじめとする改革項目が掲げられた。このビジョンおいては，都道府県が行うべき里親に関する業務（フォスタリング業務）の構築を明示しており，施設の高機能化および多機能化・機能転換に向けた取り組みが示される中で「できる限り良好な家庭的環境」を確保することや，質の高い個別的なケアを実現するとともに，小規模かつ地域分散化された施設環境を確保することが位置づけられた。

2022（令和4）年には『こども家庭庁設置法』が施行され，2023（令和5）年度，内閣府の外局として**こども家庭庁**が設置されるに伴い，社会的養護の業務が同庁に移管された。また，2022（令和4）年の『児童福祉法』の一部改正では，子育て世帯に対する包括的な支援のための体制強化が示された。この法改正において，今後の社会的養護の基本方向として，児童相談所と民間の協働による親子再統合の事業の実施をめざすことが示された。また，社会的養育経験者・障害児入所施設の入所児童等に対する自立支援の強化も方針として示されている。

■参考文献

・菊池正治ほか編著：日本社会福祉の歴史，ミネルヴァ書房，2003
・小野澤昇・田中利則・大塚良一編著：子どもの生活を支える社会的養護，ミネルヴァ書房，2013
・松本峰雄・和田上貴昭編著：改訂 子どもの養護，建帛社，2018
・松本峰雄：社会福祉と人権問題〔第2版〕，明石書店，2009
・細井勇ほか編著：福祉にとっての歴史 歴史にとっての福祉，ミネルヴァ書房，2017
・室田保夫編著：人物でよむ西洋社会福祉のあゆみ，ミネルヴァ書房，2013

第3章　社会的養護の対象理解

●● アウトライン ●●

1. 養護問題発生理由

要　点

◎養護問題とは，保護者の適切な養育を受けることが難しいため，その家庭で子どもの育ちや学びが保障されない状況をいう。

◎児童虐待は子どもの権利を侵害する深刻な養護問題であるが，保護者の家出・死亡・離婚・入院・服役などにより支援を必要する場合や養護問題のある家庭環境が子ども自身の育ちや生活・人生に影響を及ぼす場合（子どもの非行や情緒障がいなど）の支援も重要な取り組みである。

◎要保護児童は，保護者のない児童または保護者に監護させることが不適当であると認められる児童である。一方，要支援児童は保護者の養育を支援することが特に必要な子どもであり，要保護児童に該当しない子どもをいう。

キーワード

児童虐待　児童福祉法　児童の権利に関する条約　民法　こども基本法
要保護児童　要支援児童　要保護児童対策地域協議会

2. 家庭環境による影響

要　点

◎養護問題は，保護者の適切な養育を受けることが難しい状況だけでなく，子どもを取り巻く家庭環境が基因となるケースも多い。

◎子どもを取り巻く家庭環境は，さまざまな家族の働き（機能）を基盤にしている。

◎ヤングケアラーと呼ばれる子どもたちは，家庭環境による複合的な養護問題をもち，在宅生活を送っている。したがって，彼らの生活拠点である地域全体で包括的に支援する仕組み・取り組みが必要不可欠である。

キーワード

ジェンダー　賃金格差　職層格差　相対的貧困率　ヤングケアラー

1．養護問題発生理由

（1）子育て家庭における親子関係と児童虐待の問題

1）養護問題としての児童虐待

　養護問題とは，保護者の適切な養育を受けることが難しいため，その家庭で子どもの育ちや学びが保障されない状況をいう。とりわけ，子どもに対する虐待（以下「児童虐待」という）は最も深刻な養護問題であり，児童虐待の件数も増加の一途をたどっている。

　児童虐待は，子どもと保護者の関係性，すなわち親子関係に起因する養護問題である。さらに権利という側面からとらえるならば，児童虐待は，保護者が子どもの権利を守らず，尊重しないことから起きる。つまり，子どもに親の権利（以下「**親権**」という）を不適切に行使する場合に発生する問題である。そこで，子どもの権利と親権の関係性を通して，親子関係に起因する児童虐待の問題を考えてみよう。

2）親子関係の基盤—子どもの権利と親権の関係性—

　社会的養護を含む子ども家庭福祉は，子どもの権利を守り，支えることが基本的使命である。例えば，1951（昭和26）年5月5日に制定された『**児童憲章**』の前文は，以下のとおり，子どもの権利保障を明記している。

児童憲章（前文）

われらは，日本国憲法の精神にしたがい，児童に対する正しい観念を確立し，すべての児童の幸福をはかるために，この憲章を定める。

児童は，人として尊ばれる。

児童は，社会の一員として重んぜられる。

児童は，よい環境の中で育てられる。

　また，『**児童福祉法**』は，第1条に「全て児童は，児童の権利に関する条約の精神にのつとり，適切に養育されること，その生活を保障されること，愛され，保護されること，その心身の健やかな成長及び発達並びにその自立が図られることその他の福祉を等しく保障される権利を有する」と明示しており，日本政府が批准している国際条約（1989年の第44回国際連合総会採択）の『児童

の権利に関する条約』（子どもの権利条約）の理念や規定が反映されている。

　さらに2023（令和5）年4月に施行された『こども基本法』も第1条で「日本国憲法及び児童の権利に関する条約の精神にのっとり，次代の社会を担う全てのこどもが，生涯にわたる人格形成の基礎を築き，自立した個人としてひとしく健やかに成長することができ，心身の状況，置かれている環境等にかかわらず，その権利の擁護が図られ，将来にわたって幸福な生活を送ることができる社会の実現を目指して，社会全体としてこども施策に取り組むこと」と明記し，子どもの権利を守り，支える重要性を示している。

　また，『こども基本法』は，第3条第5号で「こどもの養育については，家庭を基本として行われ，父母その他の保護者が第一義的責任を有するとの認識の下，これらの者に対してこどもの養育に関し十分な支援を行うとともに，家庭での養育が困難なこどもにはできる限り家庭と同様の養育環境を確保することにより，こどもが心身ともに健やかに育成されるようにすること」を規定し，保護者の「第一義的責任」と養護問題を抱える家庭と子どもへの支援が明記されている。これは，『民法』が定める親権と関連する規定である。

　『民法』が規定する親権は，未成年の子どもを育てるために親がもつ権利と義務の総称であり，子どもの身の回りの世話をすること，子どもに教育やしつけをすること，子どもの住む場所を決めること，子どもの財産を管理することなどが親権（親がもつ権利と義務）に位置づけられている。つまり，『民法』が定める親権は，本来子どもの利益のために行われるべき権利と義務である。

　しかしながら，1896（明治29）年の制定後，何度も法改正された『民法』には，子どもの利益と親権の関係性を明確に示す規定はなく，親権を子どもに対する親の支配権と誤解し，子どもの権利を侵害する保護者もいた。そこで2012（平成24）年4月1日に施行された改正後の『民法』では，第820条（監護及び教育の権利義務）に「子の利益のために」という文言を記し，親権が子どもの利益のために行われることを明確にした。

　ところが，『民法』改正後の2012（平成24）年以降も児童虐待の件数は増加している。そこで2022（令和4）年12月に公布された『民法等の一部を改正する法律』は，それまでの民法が明記していた懲戒権，すなわち同法第822条の「親権を行う者は，第820条の規定による監護及び教育に必要な範囲内でその子

を懲戒することができる」という規定を削除した。さらに親権を行う者の行為規範（子どもの監護・教育を担う親が守るべき考え方）として，新たに「子の人格を尊重するとともに，その年齢及び発達の程度に配慮しなければならず，かつ，体罰その他の子の心身の健全な発達に有害な影響を及ぼす言動をしてはならない」（民法第821条〔子の人格の尊重等〕）という条文を新設した。

このように『民法』の改正は，「しつけ」と称して子どもを虐待する保護者の親権の濫用防止が目的であり，子どもの権利擁護や最善の利益の尊重を重視している。しかしながら，改正後も親権を濫用する保護者が存在しており，児童虐待の問題解決は，子育てを担う保護者への支援も重要になってくる。

（2）支援を必要とする子どもたちの制度的位置づけ

前項で述べたように，児童虐待は子どもの権利を侵害する深刻な養護問題であるが，保護者の家出・死亡・離婚・入院・服役などにより支援を必要する場合や養護問題のある家庭環境が子ども自身の育ちや生活・人生に影響を及ぼす場合（子どもの非行や情緒障がいなど）の支援も重要な取り組みである。

そこで『児童福祉法』は，養護問題の状況に応じた支援を行うため，支援を必要とする子どもたちを要保護児童と要支援児童に位置づけている。

このうち，**要保護児童**は，『児童福祉法』第6条の3第8項で「保護者のない児童又は保護者に監護させることが不適当であると認められる児童」と定義され，保護者の家出・死亡・離婚・入院・服役などにより支援を必要する子ども，家庭環境の影響によりが非行の状況にある子ども，保護者から虐待を受けている子どもなどが該当する。2023（令和5）年の国の調査では，児童養護施設入所児童の養護問題発生理由の上位4つは，「母の放任・怠惰」（16.4%），「母の虐待・酷使」（15.0%），「母の精神疾患」（14.5%），「父の虐待・酷使」（12.5%）である。里親委託では，「母の精神疾患」（14.8%），「母の放任・怠惰」（14.1%），「養育拒否」（13.6%），「母の虐待・酷使」（8.1%）である。

さらに『児童福祉法』第6条の3第5項では，「保護者の養育を支援することが特に必要と認められる児童」を**要支援児童**と定義している。つまり，要支援児童は保護者の養育を支援することが特に必要で，要保護児童に該当しない子どもであり，子育てへの不安を抱えた家庭の子どもといえる。

図３−１　ネットワークのモデル的な実践例

(出典) 厚生労働省：要保護児童対策地域協議会設置・運営指針について（子発0331第14号），2020

　子ども，子育てに関する保護者の知識が不十分なために不適切な養育環境で暮らす子どもなどが該当する。

　なお，『児童福祉法』は，要保護児童や要支援児童などを支援する地域のネットワーク拠点として，**要保護児童対策地域協議会**（第25条の２第１項）および同協議会における連携・調整を担う要保護児童対策調整機関（第25条の２第４項）の設置を定めている（図３−１）。

２．家庭環境による影響

（１）子どもを取り巻く家庭環境の問題と子どもへの影響

　前節（１）で示した『児童憲章』の前文は，子どもが「よい環境の中で育てられる」ことを明記している。しかしながら，養護問題は，保護者の適切な養育を受けることが難しい状況だけでなく，子どもを取り巻く家庭環境が基因となるケースも多い。

　例えば，ジェンダー（生物学的な性別に対する社会的・文化的な性差別の意

表３－１　日本における貧困率の推移

(%)

	2000年	2003年	2006年	2009年	2012年	2015年	2018年	2021年
相対的貧困率	15.3	14.9	15.7	16.0	16.1	15.7	15.7*	15.4*
子どもの貧困率	14.4	13.7	14.2	15.7	16.3	13.9	14.0	11.5
子どもがいる現役世帯	13.0	12.5	12.2	14.6	15.1	12.9	13.1	10.6
大人が１人	58.2	58.7	54.3	50.8	54.6	50.8	48.3	44.5
大人が２人以上	11.5	10.5	10.2	12.7	12.4	10.7	11.2	8.6
中央値（万円）	274	260	254	250	244	244	248	254
貧困線（万円）	137	130	127	125	122	122	124	127

備考①：表中の中央値と貧困線は資料に記載された「名目値」を記載した。
備考②：相対的貧困率（貧困線［等価可処分所得の中央値の半分の額］に満たない世帯員の割合）
　　　　は2015（平成27）年以前が旧基準，2018（平成30）年以降（＊付記の数値）が新基準で算
　　　　出した割合である。
（資料　厚生労働省：2022（令和４）年国民生活基礎調査の概況，2023，p.14）

識や状態）に起因する保護者の就労形態（正規雇用あるいは非正規雇用）と賃金格差・職層格差（仕事が同じ正規・非正規職員間の格差）の状況は，子どもを取り巻く家庭環境の経済的側面に影響を及ぼす。特に日本では，先進諸国と比較して，母親と子どものひとり親家庭の**相対的貧困率**が高い（表３－１）。

　経済的問題を抱える家庭では，保護者が複数の仕事を掛け持ちする場合（ダブルワークやトリプルワーク）も多い。そのため保護者は子どもと接する時間の確保が難しくなり，子どもの育ちや学びの保障に影響を及ぼすこともある。

　また，経済的側面だけでなく，子どもを取り巻く家庭環境は，さまざまな家族の働き（機能）を基盤にしている（図３－２）。このうち「子どもを育てるという養育面の働き」は，前節で学んだ保護者の適切な養育を受けることが難しい状況や保護者自身に起因する状況（家出・死亡・離婚・入院・服役など）と関わる家族の働き（機能）であり，社会的養護における代替的養護（家庭養護や施設養護）の支援と連関している。

　近年の日本では，保護者が子育てをしながら自分の親を介護するケース（ダブルケア）も増加している。その結果，保護者が心身ともに疲弊し，「子どもを育てるという養育面の働き」をはじめ，さまざまな家族の働き（機能）に影響を及ぼす場合もある。

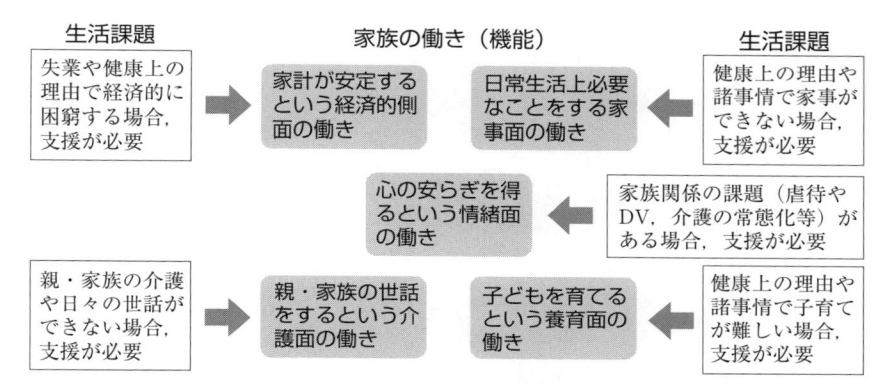

図3－2　家族の働き（機能）と生活の困りごと（生活課題）

　さらに前節で学んだ児童虐待の状況は，「子どもを育てるという養育面の働き」だけでなく「心の安らぎを得るという情緒面の働き」にも関わる養護問題といえよう。図3－2が示す家族の「心の安らぎを得るという情緒面の働き」は，子どもの育ち（自己肯定感の向上など）に肯定的な影響を与える。しかしながら，虐待を受ける子どもたちは「情緒面の働き」が阻害される状況で生活しており，社会的養護の支援を受けた後も心身の課題（自己肯定感の低下，心身の障がいなど）をもつケースが多い。

　一方，子ども自身が「親・家族の世話をするという介護面の働き」を担う家庭もある。そのような家庭環境で生活する子どもたちはヤングケアラーと呼ばれ，近年，日本でも社会問題として支援策が講じられた。

　そこで次項は，ヤングケアラーを取り巻く家庭環境と必要な支援を学ぶ。

（2）ヤングケアラーを取り巻く家庭環境と必要な支援内容

　こども家庭庁によれば，**ヤングケアラー**は「本来大人が担うと想定されている家事や家族の世話などを日常的に行っているこども」であり「責任や負担の重さにより，学業や友人関係などに影響が出てしまうこと」を課題にもっている。具体的には，図3－3のとおりである。

　図3－2の家族の働き（機能）に基づくならば，ヤングケアラーと呼ばれる子どもたちは複合的な生活の困りごと（生活課題）をもっていることが理解で

障がいや病気のある家族に代わり、買い物・料理・掃除・洗濯などの家事をしている

家族に代わり、幼いきょうだいの世話をしている

障がいや病気のあるきょうだいの世話や見守りをしている

目を離せない家族の見守りや声かけなどの気づかいをしている

日本語が第一言語でない家族や障がいのある家族のために通訳をしている

家計を支えるために労働をして、障がいや病気のある家族を助けている

アルコール・薬物・ギャンブル問題を抱える家族に対応している

がん・難病・精神疾患など慢性的な病気の家族の看病をしている

障がいや病気のある家族の身の回りの世話をしている

障がいや病気のある家族の入浴やトイレの介助をしている

図３－３　ヤングケアラーと呼ばれる子どもたちの状況
（出典　こども家庭庁ホームページ：https : //www.cfa.go.jp/policies/young-carer/）

きる。そして，最も深刻かつ基本的な困りごと（生活課題）は，本来，社会や大人たちが保障する育ちや学びの権利の侵害である（図３－４）。

　このようにヤングケアラーと呼ばれる子どもたちは，家庭環境による複合的な養護問題をもち，在宅生活を送っている。したがって，彼らの生活拠点である地域全体で包括的に支援する仕組み・取り組みが必要不可欠といえよう。

　とりわけ，子ども家庭福祉（児童福祉）部門と教育分野の支援ネットワークはヤングケアラーと呼ばれる子どもたちの権利保障において重要な役割を担っている（図３－５）。

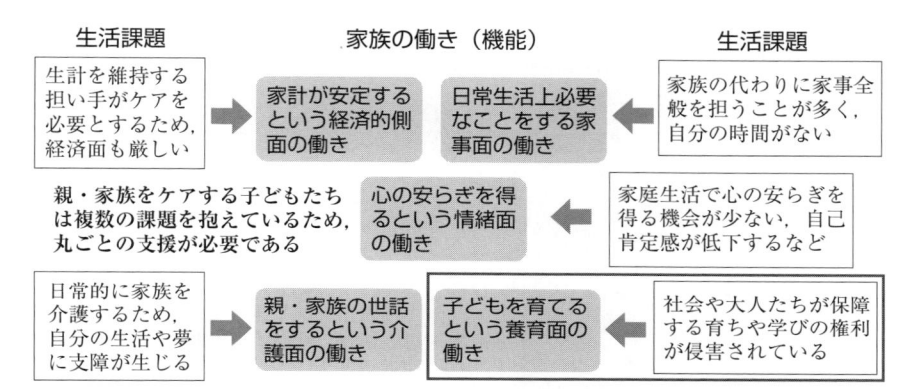

図３－４　家族の働き（機能）とヤングケアラーの困りごと（生活課題）

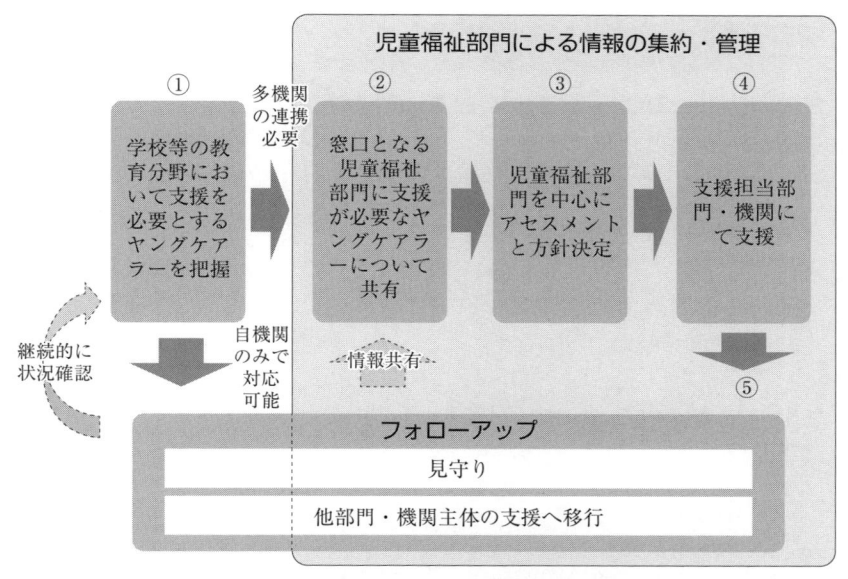

図３－５　子ども家庭福祉（児童福祉）部門と教育分野の支援ネットワーク（モデル）

（出典　有限責任監査法人トーマツ：児童福祉部門と教育分野に焦点を当てた市区町村におけるヤングケアラー把握・支援の運用の手引き，2023．p.10）

33

第 4 章

社会的養護の理念と基本的原則

●● アウトライン ●●

1. 社会的養護の基本理念

要　点

◎社会的養護は，『児童の権利に関する条約』『児童福祉法』をふまえ，「子どもの最善の利益のために」と「社会全体で子どもを育む」を基本理念としている。

◎基本理念のもと，「家庭的養護と個別化」「発達の保障と自立支援」「回復をめざした支援」「家族との連携・協働」「継続的支援と連携アプローチ」「ライフサイクルを見通した支援」という考え方で社会的養護が実施される。

キーワード

児童の権利に関する条約　児童福祉法　子どもの最善の利益

2. 里親・ファミリーホームの運営と基本的原則

要　点

◎家庭養育優先の理念のもと，実親による養育が困難または適当でない場合は，里親や小規模住居型児童養育事業（ファミリーホーム）がめざされているが，日本における里親委託率は，諸外国に比べて低いのが実情である。

◎里親支援専門相談員の配置，フォスタリング機関の設置，レスパイトケアの実施など，里親普及の取り組みがなされている。

キーワード

里親　小規模住居型児童養育事業（ファミリーホーム）　里親支援専門相談員
マッチング　レスパイトケア　フォスタリング機関

3. 施設の運営と基本的原則

要　点

◎施設養護においては，入所から退所後に至るまで，段階に応じて，かつ子どもの成長・発達に即した支援が求められる。

◎より家庭に近い養育へ，という課題のほか，施設職員による虐待の防止，退所後の進学などの課題も残されている。

キーワード

アドミッションケア　インケア　リービングケア　アフターケア
小規模グループケア　地域小規模児童養護施設　児童自立生活援助事業

1．社会的養護の基本理念

　社会的養護とは，保護者のない児童や，保護者に監護させることが適当でない児童を，公的責任で社会的に養育し，保護するとともに，養育に大きな困難を抱える家庭への支援を行うことである。社会的養護は，「子どもの最善の利益のために」と「社会全体で子どもを育くむ」を理念として行われている。

　現在，社会的養護を利用している子どもは約42,000人いる（2024（令和6）年現在）。その子どもたちは，乳児院や児童養護施設，里親や小規模住居型児童養育事業（ファミリーホーム）などで暮らしている。

（1）子どもの最善の利益のために（子どもの well-being）

　2017（平成29）年に改正された『児童福祉法』第1条では，『児童の権利に関する条約』の精神にのっとり，児童がその発達ならびに自立を保障される権利を有することが明確に示された。第2条では，子どもの最善の利益が優先して考慮され，心身ともに健やかに育成される努めがあると示された。さらに『児童の権利に関する条約』第3条においても，児童の措置において，児童の最善の利益が主として考慮されるべきと示されており，改めて，子どもの最善の利益の保障が，社会的養護の理念として重要であることが示されたのである。

（2）社会全体で子どもを育む

　『児童の権利に関する条約』第20条では，「家庭環境を奪われた児童又は児童自身の最善の利益にかんがみその家庭環境にとどまることが認められない児童は，国が与える特別の保護及び援助を受ける権利を有する」と規定されており，要保護児童は権利の主体として，社会的養護を受ける権利を有するということになる。このことは，国が公的責任として子どもへの直接の支援はもとより，社会が子どもの養育に対して保護者とともに責任をもち，支援しなければならないということになる。

（3）社会的養護の原理

『児童養護施設運営指針』には，「社会的養護は，これを必要とする子どもと家庭を支援して，子どもを健やかに育成するため，社会的養護の基本理念の下，次のような考え方で支援を行う」という社会的養護の原理を示している。

1）家庭的養護と個別化

家庭的養護とは，施設における家庭に近い環境での養護を指す。家庭に近い環境とは，一緒に暮す養育者に安心して自分を委ねられるということである。従来の施設養護では，大きな建物に数十人から100人以上が居住する「**大舎制**」の施設が多く，プライバシー保護の点で課題があった。年齢に応じて個室を提供したり，意見を遠慮なく伝えられるように気軽にコミュニケーションを取れたりすることも家庭的な環境といえる。さらに個別化を推奨することで，子ども一人ひとりのニーズを把握しやすく，愛着形成の観点からも適しているといえる。施設には被虐待児童が多く暮らしているため，専門的な治療も含め子どもの個性が育まれる環境でなくてはならない。一人の子どもの最善の利益を追求し，成長を丁寧にきめ細かく見守っていく配慮が大切である。

2）発達の保障と自立支援

子どもは成長に応じた適切な養育を受けることで，他者との信頼関係を形成し，社会性を身につけていくことになる。特に乳幼児期は，親や周囲の大人との愛着関係が極めて重要な時期である。この時期を暮らす乳児院や児童養護施設では，特定の養育者が継続的に関わることが重要であり，その結果，自分や他者の存在を受け入れることができるようになってくる。その後，学齢期になり友人や教員との関係を深め社会性を身につけていく。心身ともに成長するこの時期には，自分の出自や実親は今どうしているか，将来への不安が悩みとなって生じてくる。施設職員や里親は，このような子どもの悩みと真剣に向き合いながら発達を保障し，自立を支援していかなくてはならない。

3）回復をめざした支援

施設で生活を送る子どもたちは，虐待を受けていたり，親の死や病気に接したりしてきている。そうした子どもたちに個別支援計画を立て，他の専門職と連携・協力し専門的，心理的な支援を行っていく。これらのケアを繰り返すことで傷ついた体験で喪失した他者への信頼感や自尊心の回復をめざす。それに

は時間を要するが，施設では，日常の対話や関わりを繰り返しながら子どもの
ストレングス（強み）を見つけ，興味や関心を示したことにとことん付き合い
成功体験を重ねていく。子どもたちは成功体験を通じ，大人にほめられること
で傷ついた心が癒され，信頼感や自尊心が回復していくのである。

4）家族との連携・協働

施設で暮らす子どもたちは「本当は施設に入りたくなかった」と言うことが
ある。これは「施設が嫌だ」というわけでなく，「大好きな親ともう一回暮ら
したい」と願っての発言である。そして親も「もう一度子どもと暮らしたい」
と願って環境を整えているが，病気の治療や配偶者等による暴力（DV）など
により困難な場合は時間がかかってしまう。施設では，こうした子どもの心情
や親の状況に鑑み，問題の解決や緩和をめざして子どもが親と関わる機会を増
やしていく。そして，双方の精神面の安定，ひいては子どもの早期家庭復帰に
結びつけることも視野に支援を重ねていく。これを**家族再統合**という。「協
働」とは，施設，児童相談所，親がともに家族再統合に向けて歩んでいくこと
である。

5）継続的支援と連携アプローチ

社会的養護では，施設入所からアフターケアまで，できる限り特定の職員に
よる一貫した支援が望ましい。しかし，施設職員の退職や転勤などにより必ず
しもそれができる体制にはなっていない。「職員がいなくなると不安で仕方が
ない」と訴える子どもは多い。やっと「心を開いて話せる職員が現れたのに，
大人の都合でいなくなってしまった」というような寂しい思いを子どもにさせ
ることは，発達や成長，社会性を身につける上でも支障となる。そこで，より
多くの専門職が連携し，皆で継続的に見守っていくことが大切である。

6）ライフサイクルを見通した支援

ライフサイクルを見通した支援とは，子どもの将来を見据え，自分の夢に向
かって生きていくための支援を提供することである。

虐待を受けた子どもは大人になって虐待をする確率が高くなるといわれ，
「**虐待の連鎖**」と呼ばれている。しかしながら，次のような事例もある。Ａさ
んが18歳で児童養護施設を退所してから10年後，旦那さんと子どもを連れて訪
ねてきた。施設職員は，彼女の将来のライフプラン（恋愛，結婚，出産）を見

据えて，施設入所時から心理療法や面接を繰り返し，虐待された芽を摘み，根っこをすべて取り除き虐待の連鎖を断つ支援をしてきたのである。

　このように入所時から子どもの将来を見据えた支援を行うことで，退所後も安定した生活を送ることができるようになるのである。

■ 2．里親・ファミリーホームの運営と基本的原則

　2016（平成28）年の『児童福祉法』改正では，子どもが権利の主体であることを明確にし，家庭養育優先の理念のもと，実親による養育が困難であれば，特別養子縁組による永続的解決〔パーマネンシー保障〕や里親による養育を推進することを明確にした。厚生労働省による「新しい社会的養育ビジョン」においては，就学前の子どもは原則，施設への新規入所停止や，3歳未満の子どもは概ね5年以内，3歳から就学前の子どもは概ね7年以内に里親委託率75％，学童期以降は概ね10年以内に里親委託率50％という目標が掲げられた。

（1）里親制度の現状と課題

　里親とは，要保護児童を家庭に迎え入れて養育することを希望する者であって，都道府県知事が行う研修を修了し，名簿に登録されたものである。里親の種類は，養育里親，専門里親，養子縁組里親，親族里親である（第5章参照）。

　里親委託率は，各国の制度が異なり単純比較はできないが，オーストラリア92.3％（2019年），アメリカ81.6％（2018年），イタリア52.4％（2018年）などと比べ，日本は23.5％（2021年）である。2000年は6％であったことを考えれば，近年の取り組みにより大幅に向上しているが，まだまだ不足しているといえる。その要因としては，里親制度の理解不足や里親の要望と子どものニーズが一致しない，実親の承諾に時間を要することなどがあげられる。また，措置を決定した後に「子どもの面倒をみられない」と断りを入れることがないように，措置を決定する児童相談所が慎重になっていることもあげられる。

（2）里親家庭の実際の取り組み

　里親家庭と児童とのマッチング〔里親家庭の選定〕が終わり委託されると，

里親家庭での養育が始まる。委託後，里親を困らせるような「**試し行動**」をすることがある。この行為は，相手の愛情度や自分のことをどの程度受け入れてくれるのだろうという許容範囲を確認することである。具体的には，食事を食べなかったり，「施設の食事の方がおいしかった」と言ってみたり，おねしょや赤ちゃん返り，金品の持ち出しなどがある。試し行動は，子どもにとって意味のあることであるため，里親には子どもの背景と気持ちを汲み取った対応が求められる。そして一人で抱えることのないように，児童相談所や里親支援専門相談員と協力して子どもとの関係構築に努めなければならない。

（3）小規模住居型児童養育事業（ファミリーホーム）の概要

　小規模住居型児童養育事業（ファミリーホーム）は，第二種社会福祉事業として施設的な枠組みとなっているが，その養育は，「施設が小さくなったもの」ではなく，「里親が大きくなったもの」というイメージで考えてほしい。

　養育者（多くは夫婦）と養育補助者によって運営され，補助者を雇用することで養育者のレスパイト（一時的な休息）が可能になり，一定の距離感をもって養育にあたることができる。また，透明性の確保と密室化のリスク軽減につながっている。ファミリーホームでは5〜6名の子どもが養育され，子ども同士が相互理解を経験し，成長し合うことを重要視している。

　ファミリーホームの養育者は，養育里親の経験者や乳児院や児童養護施設などでの従事経験者が多い。そのため，地域の里親の相談に対応することもある。また，子どもが幸せな生活を送るには地域の理解が欠かせない。ファミリーホームは，地域住民やボランティアの支えがあってこそ運営できるのである。

（4）里親を支えるために

1）里親支援専門相談員の仕事

　里親支援専門相談員は，2012（平成24）年より全国の乳児院，児童養護施設に里親を支援するため配置されるようになった。児童相談所の里親担当職員とともに，里親への家庭訪問や相談の対応，レスパイトケアの調整など施設の機能を活用して里親等の支援を行っている。

里親支援専門相談員は，施設の職員であり社会福祉士，精神保健福祉士等の資格を所有し，施設のローテーション勤務に加わらない等の規定がある。重要な仕事は，子どもと里親家庭のマッチングである。子どもと日頃より接しているため個別のニーズを的確にアセスメントできることが利点である。

２）レスパイトケア

里親に一時的な休息が必要な場合，乳児院，児童養護施設，他の里親等あらかじめ指定された施設において子どもを預かる制度である。

３）フォスタリング機関

里親を包括的に支援していく体制として，**フォスタリング機関**がある。里親への支援を行政だけでなく民間にも協力を仰ぎ，広報や募集，マッチングや研修を一貫して行う。その他，2024（令和６）年には里親支援センターが創設された（第５章参照））。

■■■■コラム■■■■

里親を理解する一冊

『ぶどうの木　10人の"わが子"とすごした，里親18年の記録』（幻冬社，2003）は，里親である坂本洋子氏の著書である。

子どもに恵まれなかった夫婦が里親として初めて迎えた男の子は，乳児院，児童養護施設で育ち社会の偏見や差別の中で生きてきた。その後，非行に走り児童自立支援施設（当時は教護院）にも入所した。ついには17歳で事故死してしまう。社会的養護の中で生きてきた子どものこと，深い愛情で彼を支えてきた里親の理解に適した一冊である。坂本氏のような里親が愛情込めて彼らを育ててくれたおかげで，現代のさまざまな制度ができあがったと思える。

3．施設の運営と基本的原則

（1）入所施設における子どもの支援

各種施設に入所する子どもは，親と離れて暮らすことになり，大きな不安を抱えている。知らない土地に引越して転校もする。施設には年の離れた子ども

や多くの大人がいる。制約や規則もたくさんある。このような子どもたちの不安を安心に変え，新たな環境になじめるようにすることが施設職員には求められる。ここでは施設における支援（アドミッションケア，インケア，リービングケア，アフターケア）を中心に学習し，施設生活への理解を深めたい。

1）アドミッションケア

アドミッションケアとは，施設入所の直前から入所直後に至る段階でのケアを指す。受け入れる側の施設は，児童相談所からの児童票をもとに生活する寮舎やユニット，部屋割りを決定する。アドミッションケアでは，子どもの不安が少しでも軽減されるよう，細やかな配慮が必要になる。

さまざまな理由で施設生活を送る子どもたちは，しばらく親と離れて暮らすことになる。中には児童相談所での一時保護中に，「家に帰れる」と期待を抱く子どももいる。アドミッションケアの第一の目的は，そのような子どもたちの不安を安心に変え，スムーズに施設生活へ移行できるようにすることである。

アドミッションケアの第二の目的は，子どもと職員の信頼関係の形成である。入所時に「帰りたい」と泣いている子どもには，寒い冬の日であれば，その子が使うカップで温かいミルクココアを一緒に飲む。暑い夏の日であれば，氷が浮かんだ麦茶を飲むのもよいだろう。不安を抱える子どもに配慮した支援により，子どもと職員の間に信頼関係が形成される。長い施設生活では，家に帰りたいと逃げ出したり，反抗期には逸脱した行動をとったりすることもあるだろう。しかし信頼関係を形成しておくことで，子どもが壁にぶつかったときに頼りにしてきてくれるようになり，一緒に困難を乗り越えることができる。

2）インケア

インケアとは，施設入所後の日常生活におけるケアを指す。日常生活における支援とは，日課を活用した支援と治療的な支援がある。

施設に入所する子どもの多くは，年齢相応の学力や生活習慣，社会性が身についていないことが多い。まず日課を利用し基本的生活習慣を確立することから始まる。衣食住を保障し，決まった時間に決まったことを繰り返すことで子どもたちは基本的な生活習慣を身につけることができる。

次に治療的支援である。施設の子どもたちの多くが虐待を受けており，治療

的なアプローチが必要なケースは多い。そのため専門性のある心理療法担当職員による心理療法が欠かせない。関わり方としては次のような事例がある。

　Ｂちゃんは小学１年生。父親からの虐待が理由で児童養護施設への入所となった。Ｂちゃんが安定した生活を送ることができるようになったのは，女性の心理療法担当職員が毎週金曜日の16時から一緒に遊んでくれるようになってからである。"同じ時間""同じ場所"に"同じ人"が現れることで「この人を信頼してもいいんだ」という思いが芽生えてきたのである。

　３）リービングケア

　リービングケアとは，近く施設を退所することが想定される子どもへの，退所直前のケアを指す。

　「児童養護施設運営ハンドブック」では，「失敗しないように，事前に社会生活を営むうえでの知識や技能を身につけていく支援」と説明されている。社会で困難な事案が生じた時を想定して行う支援がリービングケアであり，環境的支援，技術的支援，精神的支援などが考えられる。

　環境的支援とは，自立訓練棟での一人暮らし体験をすることである。一人で暮らすには，朝自分で起きて遅刻しないように出勤する。仕事から帰ったら夕食を作り入浴し眠る。そして，各種保険の手続きや，住民票，印鑑登録の取得，銀行や郵便局の利用，医者にかかることも自分でやらなければならない。そのような訓練を一定期間体験しておく必要がある。

　技術的支援とは，家事全般を身につけることである。仕事や学校生活が忙しいからと偏った食生活とならないように，栄養を考えながら料理をすることを覚えてもらいたい。一緒に買い物をして，予算内で買うことも教えていく。

　精神的支援とは，社会生活を送る上での不安に寄りそったり心構えを教えることである。「ゴミは決められた日時に出さなければ迷惑がかかる「友人を家（アパート）に招き夜遅くまで騒いでいると迷惑がかかる」など，責任をもって社会で暮らしていくことを教えていく。

　４）アフターケア

　アフターケアとは，施設を退所した子どもに対し，退所後に行われるさまざまな支援を指す。

　施設退所後は，親元に帰ることもあれば，措置変更で他の施設へ生活の場を

移すこともある。また，一人で暮らし仕事や学校へ通うこともある。施設退所後も順風満帆で暮らせないこともある。仕事先や学校の人間関係がうまくいかずにやめてしまうこともある。中にはトラブルが生じた時に相談相手がいないために犯罪に巻き込まれたり，性風俗に足を踏み入れたりする者もいる。

　退所児の不安や困難に寄りそい，必要に応じて支援を行うのがアフターケアである。児童自立支援施設を中学卒業と同時に退所したＣ君の事例を見てみよう。

　Ｃ君は解体業に就くも，昔の暴走族の仲間と会うようになり仕事を無断で辞めてしまった。数年後，少年鑑別所から手紙が届き施設職員は面会に行くようになった。Ｃ君が40歳になった頃，電話がかかってきた。「先生，厄年って何ですか？　お寺や神社に行かなければいけないのですか？　俺が病気やけがをしたら仕事仲間や家族に迷惑がかかるから，一緒にお祓いに行ってください」。Ｃ君には親がいない。待ち合わせをして一緒に厄年のお祓いを受けてきた。

　アフターケアで大切なのは，孤立を防ぐための継続した支援である。実家のような雰囲気を施設でつくり，いつでも彼らが頼ってきやすい環境をつくっておくことがアフターケアには必要である。

（２）施設の小規模化と家庭的養護

　2011（平成23）年の「社会的養護の課題と将来像」では，施設養護，家庭養護，家庭的養護の割合を各１/３ずつとする将来的な目標が掲げられた。2016（平成28）年の『児童福祉法』改正では，家庭養護優先の原則が打ち出され，国は「社会的養護の課題と将来像」を見直し，2017（平成29）年に「新しい社会的養育ビジョン」を公表している。

　家庭的養護を推進するために施設を小規模化し，入所児を少人数のグループに分けた形態にする。小規模グループケアや地域小規模児童養護施設の設置数は年々増加し，乳児院・児童養護施設の小規模グループケアは2023（令和５）年現在，2,394か所，地域小規模児童養護施設は607か所に増加している。

（3）社会的養護の課題

1）被措置児童等虐待への対応

　施設の職員や里親が被措置児童に虐待をする報告がある。2008（平成20）年の『児童福祉法』改正では，被措置児童等への虐待の防止等について規定された。被措置児童への虐待行為防止のためには，①研修の機会を設ける，②外部の目を頻繁に入れる，③職員間の意見共有の機会を増やす，④スーパーバイザーを活用するなど，施設職員や里親の資質向上を徹底する必要がある。また，意見箱や苦情解決制度などを利用し，子どもが意見や苦情を言いやすい雰囲気づくりも大切である。

2）進学および成年以降への支援

　2020（令和2）年度から，国の高等教育の修学支援新制度が始まり，低所得者を対象に授業料等の減免や給付型奨学金支給の拡大が行われるようになった。施設や里親宅からの進学率が低いことも問題となっている。大学・専修学校等への進学率は，全高校生77.2％，児童養護施設入所児童38.9％，里親委託児童58.0％である（2023年5月1日現在）が，本制度により，措置解除後に学ぶ機会が増えることを期待したい。

　2024（令和6）年4月1日施行の『児童福祉法等の一部を改正する法律』では，児童養護施設等の年齢制限が撤廃された。Ⓐ義務教育を終了した児童等の満20歳に満たない者で，措置等を解除された者。Ⓑ満20歳以上の措置解除者等で高等学校の生徒，大学生その他のやむを得ない事情により自立生活援助の実施が必要と都道府県知事が認めた者。ⒶⒷに該当する場合，満20歳以降も児童自立生活援助事業を活用して同じ施設に入所し続けることが可能になった。

■参考文献
・中山正雄監修：よりそい支える社会的養護Ⅰ〔第2版〕，教育情報出版，2023
・松本峰雄・和田上貴昭編著：改訂子どもの養護，建帛社，2018
・こども家庭庁：社会的養育の推進に向けて，2024
・厚生労働省：児童養護施設運営ハンドブック，2014
・櫻井奈津子編著：新・社会的養護の原理（社会的養護Ⅰ），青踏社，2020
・養子と里親を考える会編著：里親支援ガイドブック―里親支援専門相談員等のソーシャルワーク―，エピック，2016

第5章 子どもの社会的養護の制度と実施体系

●● アウトライン ●●

1. 子どもの社会的養護の体系

要点

◎社会的養護は，家庭養護と施設養護に大別される。施設養護の一つである家庭的養護は，地域小規模児童養護施設（グループホーム）や小規模グループケアなど，施設養護の中で家庭的な養育環境をめざす取り組みである。

キーワード

家庭養護　施設養護　家庭的養護　児童相談所

2. 施設養護の概要

要点

◎養育環境に課題がある子どものための施設として，助産施設，乳児院，母子生活支援施設，児童養護施設が設けられている。心身に障がいを抱える子どものための施設としては，障害児入所施設，児童発達支援センターがあり，情緒・行動に課題がある子どものための施設としては，児童心理治療施設，児童自立支援施設が設けられている。

キーワード

助産施設　乳児院　母子生活支援施設　児童養護施設　障害児入所施設　児童発達支援センター　児童心理治療施設　児童自立支援施設　児童家庭支援センター

3. 家庭養護の概要

要点

◎家庭養護とは，家庭の場を活用した養護であり，児童福祉法が規定する里親制度，小規模住居型養育事業（ファミリーホーム）および民法が規定する養子縁組などである。

キーワード

里親制度　里親支援センター　小規模住居型養育事業　普通養子縁組　特別養子縁組

4. 社会的養護を支える法律

要点

【要点】

◎社会的養護の基盤となる法令としては，児童の権利に関する条約，社会福祉法，児童福祉法，児童虐待の防止等に関する法律などがある。

◎そのほか児童福祉施設・里親・ファミリーホームに関する基準・指針などがあり，子どもの生活や権利が守られている。

キーワード

児童の権利に関する条約　児童福祉法　社会福祉法　児童の虐待の防止等に関する法律　児童福祉施設の設備及び運営に関する基準　里親が行う養育に関する最低基準　里親及びファミリーホーム養育指針　里親委託ガイドライン

1——子どもの社会的養護の体系

（1）子どもの社会的養護

　子どもは可能な限り家庭において，親などの保護者による温かい愛情の下で育つことが望ましい。家庭の重要性については，1989（平成元）年国連総会で採択された『児童の権利に関する条約』第18条において，「1　締約国は，児童の養育及び発達について父母が共同の責任を有するという原則についての認識を確保するために最善の努力を払う。父母又は場合により法定保護者は，児童の養育及び発達についての第一義的な責任を有する。児童の最善の利益は，これらの者の基本的な関心事項となるものとする」と示されている。

　家庭のもつ機能として，病気やけが，外部からの攻撃などさまざまな危険から子どもを保護する機能と，子どもが将来自立し，社会生活を営むのに必要な知識・技能を伝承する機能があげられる。子どもは家庭の中で，長期にわたって保護者と密接な関係を築き，保護者から愛情を注がれることにより心身の健全な育成が促進され，社会の一員として成長し，巣立っていくといえる。

　しかし，わが国では高度経済成長期以降に社会構造が大きく変化し，少子・高齢化や女性の社会進出，核家族の増加などにより家庭機能の変化がみられ，家庭における養育機能も不安定で，脆弱なものになった。また，保護者の死亡や病気，行方不明，貧困，保護者による虐待など，さまざまな理由で保護者とともに暮らせない子どもたちも多く存在する。さらに，わが国の子育て環境は，親（特に母親）に養育機能が集中しがちな構造になっており，子育てに対して強い不安や負担感を抱く親も少なくない。

　そのため現在では，子どもの養育を家庭だけに委ねるのではなく，国や地方公共団体の責務として，家庭の代替的機能と補完的機能を，行政機関や福祉施設等によっても果たす必要性が，以前にもまして強く求められてきている。

　このように，さまざまな理由により，家庭による養育が困難な子どもを公的責任で社会的に保護し養育するとともに，養育に困難がある家庭に対して支援を行うことを「社会的養護」という。

（２）家庭養護と施設養護の体系

社会的養護は，家庭養護と施設養護に大別される（図５−１）。

「**家庭養護**」とは，保護を必要とする児童を養育者（里親等）の家庭に迎え入れて養育を行うことであり，里親（養育里親・専門里親・養子縁組里親・親族里親）や小規模住居型児童養育事業（ファミリーホーム）が該当する。

「**施設養護**」とは，保護が必要な児童を乳児院，児童養護施設などの児童福祉施設に入所または通所させて養育を行うことである。

「**家庭的養護**」とは，児童養護施設などにおける地域小規模児童養護施設（グループホーム）や小規模グループケアなど，施設養護の中で家庭的な養育環境をめざす取り組みをいう。

（３）社会的養護と児童相談所

児童相談所は，児童福祉の第一線機関として都道府県および指定都市に設置されており（中核市，特別区にも設置できる），所長，児童福祉司，児童心理司，医師（精神科医，小児科医），児童指導員，保育士などの専門職が置かれている。これらの職員は，市町村（福祉事務所）と役割分担・連携を図りなが

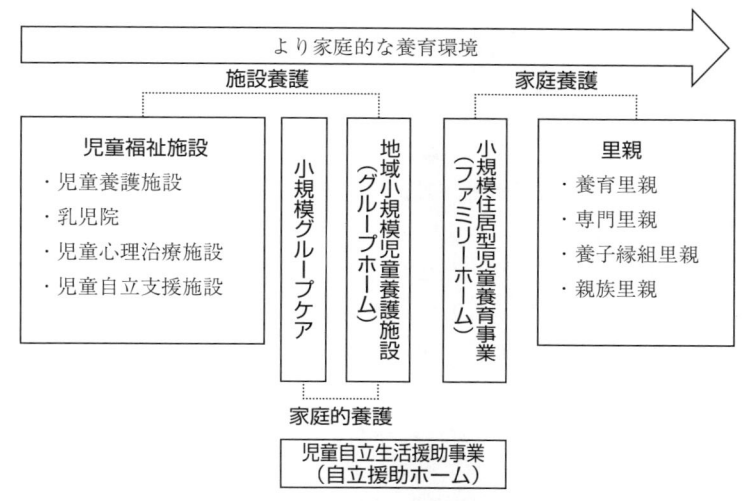

図５−１　社会的養護の体系

ら，家庭，学校，地域住民等から子ども・子育てに関する多様な相談（養護相談，保健相談，障がい相談，非行相談，育成相談など）に応じている。さらに，必要に応じて調査，医学的・心理学的・教育学的・社会学的・精神保健上の診断および判定を行い，それに基づき，子どもや保護者に対する指導や児童福祉施設入所および里親委託等の措置が行われている。また，児童相談所の多くには一時保護所が設置されており，緊急保護が必要な子どもや，行動観察，短期入所指導を要する子どもを対象として，一時的な保護を実施している。

　児童相談所（特に児童福祉司）と児童福祉施設・里親とは，施設への入所や里親養育の措置が開始されようとするとき（**アドミッションケア**）から，**インケア**（日常生活における養護），**リービングケア**（施設退所前もしくは里親養育終了前の自立に向けた支援），**アフターケア**（施設退所後あるいは里親養育終了後の支援）に至るまで緊密に連絡を取り合い，連携を図りながら子どもとその保護者に対する支援を行っている。このように，社会的養護における児童相談所のもつ役割とその責務は，非常に大きい。

2──施設養護の概要

（1）養育環境に課題がある子どものための施設

1）助 産 施 設

　助産施設とは，「保健上必要があるにもかかわらず，経済的理由により，入院助産を受けることができない妊産婦を入所させて，助産を受けさせることを目的とする施設」（『児童福祉法』第36条）である。経済的な理由によって医療機関で助産を受けることができない場合，妊産婦が医学上・保健上安全に出産できるよう援助することを目的として助産施設は設けられている。生活保護世帯の場合は無料，非課税世帯の場合も低額な費用で分娩することができる。

　助産施設には，医療法に基づく病院である第一種助産施設と，医療法の助産所である第二種助産施設とがある。2023（令和5）年10月1日現在，全国で383施設が設置されており[1]，その数は産婦人科の病院の減少等に伴い，減少傾向にある。一方，利用者数は，非正規雇用者や生活保護受給者の増加などの影響を受け，増加傾向にある。

2）乳 児 院

　乳児院とは，「乳児（保健上，安定した生活環境の確保その他の理由により特に必要のある場合には，幼児を含む。）を入院させて，これを養育し，あわせて退院した者について相談その他の援助を行うことを目的とする施設」（『児童福祉法』第37条）である。

　乳児期は，心身の発達が著しく，人間形成の基礎をつくる発育上重要な時期である。また抵抗力が弱く，身体機能も未発達なために病気にかかりやすい。そのため，手厚い養育と，医学的なケア，安全で安心できる環境の整備などが必要とされるが，家庭でこのような適切な養護を受けられない乳児に対して，適切な養護や環境を提供するのが乳児院の役割である。2023（令和5）年10月1日現在，145施設が設置され，2,483名が生活している[1]。

　乳児院では原則として乳児が入所対象となるが，必要に応じて小学校就学前までの幼児も利用できる。

　職員配置は，小児科の診療に相当の経験を有する医師または嘱託医，看護師（保育士または児童指導員で代えることができる），栄養士または管理栄養士，調理員のほか，家庭支援専門相談員，里親支援専門相談員，心理療法担当職員，個別対応職員などが置かれている。

　入所理由は，家族の精神疾患等や放任・怠惰などの虐待によるものが多い。その他，経済的困難や家族の疾病，離別，別居，未婚などのさまざまな理由で入所に至っている。在所期間は約4分の1が6か月未満の短期間入所であり，子育て支援としての役割を担っている。その一方で1年以上の在所となるケースも多く，子どもの養育とともに親子関係再構築のための支援も重要となる。

　乳児院では，乳児の健全な発育の促進と人格形成をめざし，医師や看護師，児童指導員，保育士らが連携をとり，精神発達の観察および指導や，授乳，食事，おむつ交換，入浴，外気浴，安静，身体測定，健康診断，感染症等の予防措置など，医療的ケアと日常的な身辺ケアがきめ細かく実施されている。

　なお，乳児院における養育において特に重要視されているのが，乳幼児と特定の母親的存在の職員との愛着関係の形成である。**愛着（アタッチメント）**とは，子どもと特定の大人との間に形成された情緒的な絆のことをいうが，多くの乳児院では担当養育制を導入し，入所から退所まで特定の保育者がその養育

を継続的に担当をするなど，乳幼児と職員との間で愛着関係が形成されるためのさまざまな工夫や取り組みが行われている。また，入所児の家庭復帰に向けて，家族状況の常時把握，子どもと保護者との定期的な面会の促進，保護者に対する子育ての指導，子育てに対する不安解消のための支援など，親子関係を維持および改善するための支援が積極的に実施されている。

3）母子生活支援施設

母子生活支援施設は，「配偶者のない女子又はこれに準ずる事情にある女子及びその者の監護すべき児童を入所させて，これらの者を保護するとともに，これらの者の自立の促進のためにその生活を支援し，あわせて退所した者について相談その他の援助を行うことを目的とする施設」（『児童福祉法』第38条）である。

18歳未満の子どもを養育する母子家庭などの女性が，その子どもとともに利用できる施設であり，必要に応じて子どもが20歳になるまで利用できる。施設では，母子のプライバシーにも配慮がなされ，世帯ごとに独立した居室が提供されており，主体性が尊重された支援が行われている。2023（令和5）年10月1日現在，205施設が設置され，7,279名（世帯人員）が生活している[1]。

近年の離婚件数の増加に伴い，母子家庭や父子家庭のいわゆる "ひとり親家庭" が増加しているが，一人の親が養育と生計の担い手となるため，生活上のさまざまな問題を抱えやすい環境にあるといえる。特に母子家庭においては，就労の困難さや収入の低さ，住居確保の困難さなどにより生活の維持や自立が困難なケースが多く，母子家庭の子どもと母親を保護し，自立へと導くための社会的支援が必要となる。母子生活支援施設は，そのような母子家庭のもつニーズに応え，母子の自立の実現のために設置された児童福祉施設である。

職員は，母子支援員，少年を指導する職員，心理療法担当職員，個別対応職員，調理員，嘱託医などが配置されている。母子支援員は，就労や家庭生活，子どもの養育に関する相談や助言などの母子の生活指導を行い，少年を指導する職員は，学習の指導や子どもとの会話，遊び，行事活動などを通して日常生活上必要な知識や技術を伝え，子どもの健全育成を図る役割を担っている。

入所理由としては，特に夫からの暴力などの DV（ドメスティックバイオレンス）による入所が多い。母子生活支援施設は，『配偶者からの暴力の防止及

び被害者の保護等に関する法律』（DV防止法）に基づく一時保護施設（シェルター）としても活用され，DV被害者の緊急保護と自立支援を行う施設としても位置づけられている。

　施設では，ハローワークへの同行・求人情報や職業訓練等の情報提供などの就労支援や，住宅確保支援，病児保育や保育所送迎などの保育の補助，施設内での保育，子育て相談・助言，家事支援，母子への心理的ケア，緊急一時保護，子どもへの生活指導や学習援助など，多様な支援が実施されている。

4）児童養護施設

　児童養護施設とは，「保護者のない児童（乳児を除く。ただし，安定した生活環境の確保その他の理由により特に必要のある場合には，乳児を含む。），虐待されている児童その他環境上養護を要する児童を入所させて，これを養護し，あわせて退所した者に対する相談その他の自立のための援助を行うことを目的とする施設」（『児童福祉法』第41条）であり，子どもの生存権を守り，発達を保障するという重要な役割を担っている。

　入所対象は，死亡や離婚，拘禁，行方不明などにより保護者がない子どもや，保護者の出産，精神障害，心身の健康上の問題，家庭や地域環境上の問題など環境上養護を要する状態にあり，家族による養育が困難な子どもである。安定した生活環境の確保などの理由で特に必要な場合は，乳児も入所させることができる。2023（令和5）年10月1日現在，614施設が設置されており，22,962名が生活している[1]。

　職員は，児童指導員，嘱託医，看護師（乳児が入所している場合），保育士，栄養士，調理員，家庭支援専門相談員，里親支援専門相談員，心理療法担当職員，個別対応職員，職業指導員などが置かれている。児童指導員および保育士の総数は，満2歳に満たない幼児概ね1.6人につき1人以上，満2歳以上満3歳に満たない幼児概ね2人に対して1人以上，満3歳以上の幼児概ね4人に対し1人以上，少年概ね5.5人に対しては1人以上，看護師は乳児概ね1.6人に対して1人以上配置されることになっている。また，被虐待児の対応として，子どもとその保護者に対しカウンセリングや遊戯療法等の心理療法を行う心理療法担当職員や，関係機関や施設職員等と連携を図りながら，施設の入所前から退所後に至るまで総合的な家族調整を担う家庭支援専門相談員（ファミ

リーソーシャルワーカー），心に深い傷をもつ被虐待児に個別的な支援を行う個別対応職員が配置されている。さらに，乳児院および児童養護施設には里親支援専門相談員が置かれ，入所児童の里親委託の推進，退所児童のアフターケア・地域支援としての里親支援が行われている。

施設の形態としては，多くの施設で大舎制による支援が行われていたが，ケアの質の向上を目的としてケア単位の小規模化が進められている。施設内に設けられた小規模住宅において6人程度の子どもと職員がともに生活して養育する小規模グループケアや，地域の一般住宅で子どもと職員がともに生活して養育する地域小規模児童養護施設（グループホーム）の設置などが進められつつあり，2023（令和5）年10月1日現在で小規模グループケアは2,394か所，地域小規模児童養護施設は607か所設置されている[2]。

入所へとつながる養護問題の発生理由は，保護者による虐待や保護者の就労，疾病等が多い。入所している子どもには，知的障がいや発達障がいを有する子どもや身体的に虚弱な子ども，情緒が不安定な子どもも少なくない。

施設では，子どもの不安を取り除き，子ども自身が安心して安定した生活を送れる環境を確保することが重要視され，適切な環境づくりに職員全体で取り組んでいる。そして，子どもの自立をめざし，基本的生活習慣を確立し，豊かな人間性・社会性を養うことを目的とした生活指導や，子どもの学力に応じて学習の機会を確保し，自己実現に向けた学習意欲を引き出すことなどを目的とした学習指導，勤労に対する意欲や基礎的能力および態度を育てるための職業指導などが児童指導員や保育士らによって実施されている。また，子どもの家庭復帰や家族再統合をめざして，家族状況の常時把握，子どもと保護者との定期的な面接の促進，関係機関と協力しながらの家族問題の解決，および家庭復帰のための調整が，家庭支援専門相談員を中心として行われている。

（2）心身に障がいを抱える子どものための施設

1）障害児入所施設

障害児入所施設は，それぞれ「福祉型」と「医療型」に分かれており，『児童福祉法』には次のように定められている。

> **第42条** 障害児入所施設は，次の各号に掲げる区分に応じ，障害児を入所させて，当該各号に定める支援を行うことを目的とする施設とする。
> 　一　福祉型障害児入所施設　保護並びに日常生活における基本的な動作及び独立自活に必要な知識技能の習得のための支援
> 　二　医療型障害児入所施設　保護，日常生活における基本的な動作及び独立自活に必要な知識技能の習得のための支援並びに治療

①　福祉型障害児入所施設

　福祉型障害児入所施設の入所対象は，『児童福祉法』改正前の主として知的障害児施設，盲ろうあ児施設，肢体不自由児療護施設の対象であった児童である。共通した支援としては，食事・睡眠・排泄などの基本的生活習慣の習得に向けた生活指導が行われている。また，施設を退所した後にできる限り社会に適応し，健全な社会生活を送れるようにするため，適性・能力等に応じて学習指導や職業指導も行われている。

　主として知的障がいのある児童を入所させる福祉型障害児入所施設には，嘱託医，児童指導員，保育士，栄養士または管理栄養士，調理員および児童発達支援管理責任者，職業指導を行う場合は職業指導員，心理指導を行う場合は心理担当職員などを置いている（『児童福祉施設の設備及び運営に関する基準』第49条）。また，主として盲ろうあ児を入所させる施設においてもこれを準用し，主として自閉症，肢体不自由のある児童を入所させる施設においては看護師を置くこととされている。2023（令和５）年10月現在，240施設が設置され，5,835名が生活している[1]。

②　医療型障害児入所施設

　医療型障害児入所施設の入所対象は，『児童福祉法』改正前の主に第一種自閉症児施設，肢体不自由児施設，重症心身障害児施設の対象であった児童であるため，病院としての機能を有している。特に重症心身障害児に関しては，重い障がいのため，食事・衣服の着脱・排泄など，ほとんどの日常生活の動作を自分の力で行うことが難しいため，全面的な介護が必要となる。

　そのため保育士は，重い障害のある子どもや利用者の日常生活の介護を看護師と協力して行いつつ，保育技術を活用しながら情緒の安定を図ったり，子どもや利用者にふさわしい生活の維持に努める。

　主として重症心身障害児を入所させる医療型障害児入所施設には，『医療法』に規定する病院として必要な職員のほか，児童指導員，保育士，児童発達支援管理責任者，理学療法士または作業療法士，心理支援を担当する職員などを置いている。2023年（令和5）年10月現在，223施設が設置され，7,541名が生活している[1]。

2）児童発達支援センター

　児童発達支援センターは，『児童福祉法』で次のように定められている。

> **第43条**　児童発達支援センターは，地域の障害児の健全な発達において中核的な役割を担う機関として，障害児を日々保護者の下から通わせて，高度の専門的な知識及び技術を必要とする児童発達支援を提供し，あわせて障害児の家族，指定障害児通所支援事業者その他の関係者に対し，相談，専門的な助言その他の必要な援助を行うことを目的とする施設とする。

　児童発達支援は，障がいのある子どもまたは可能性のある子どもに対し，個々の障害や発達上のニーズに合わせて本人への発達支援（**本人支援**）を行うほか，その家族への支援（**家庭支援**）を行う。また，障がいのある子どもが，可能な限り，地域の保育・教育等を受けられるように支援（**移行支援**）を行うほか，子どもや家庭に関わる関係機関と連携を図りながら，子どもや家族を包括的に支援（**地域支援・地域連携**）していく。子どもの個々のニーズに合った質の高い支援の提供が求められるため，子どもそれぞれに「児童発達支援計画」が作成され，これに基づいた支援が提供される。

　また，地域の障害児支援の中核的役割を担う機関として位置づけられ，地域の関係機関との連携を進め，①幅広い高度な専門性に基づく発達支援・家族支援機能，②地域の障害児通所支援事業所に対するスーパーバイズ・コンサルテーション機能（支援内容等の助言・援助機能），③地域のインクルージョン推進の中核としての機能，④地域の障がい児の発達支援の入口としての相談機能を備え，地域の支援体制の構築を図っていくことが求められている。

　個々のセンターの機能や規模によって異なるが，嘱託医，児童指導員，保育士，栄養士または管理栄養士，調理員，児童発達支援管理責任者のほか，日常生活を営むのに必要な機能訓練を行う場合には機能訓練担当職員，看護職員などが配置され，2023（令和5）年10月現在，840施設が設置されている[1]。

（３）情緒・行動に課題がある子どものための施設

１）児童心理治療施設

　児童心理治療施設は，「家庭環境，学校における交友関係その他の環境上の理由により社会生活への適応が困難となった児童を，短期間，入所させ，又は保護者の下から通わせて，社会生活に適応するために必要な心理に関する治療及び生活指導を主として行い，あわせて退所した者について相談その他の援助を行うことを目的とする施設」（『児童福祉法』第43条の２）である。2023（令和５）年10月１日現在，51施設が設置され，1,437名が生活している[1]。

　入所対象としては，**非社会的行動**（緘黙，不登校，孤立，内気など）を示す子ども，**反社会的行動**（反抗・乱暴，盗み・もちだし，怠学など），神経症的習癖（チック・爪かみ，夜尿・遺尿，偏食・拒食など）などを示す子どもなどであり，家庭や学校での対人関係の問題により心理的・情動的・行動上の問題を抱える子どもが入所している。現在は，虐待による心的外傷，**注意欠如多動症（ADHD）**，**限局性学習障害（SLD）**，**自閉スペクトラム症（ASD）**などの発達障害のある子どもの入所が増加傾向にある。

　職員は，医師，心理療法担当職員，児童指導員，保育士，看護師，家庭支援専門相談員，個別対応職員，栄養士および調理員が置かれている。

　施設では，子どもの情緒障害等を治療し，円滑な社会生活の実現をめざして心理療法，生活指導，学習指導が総合的に行われている。心理療法は，心理療法担当職員により行われ，子どもに対してカウンセリングや遊戯療法，箱庭療法などが行われるとともに，家族に対する心理教育，カウンセリングなども積極的に実施されている。また，児童指導員や保育士によって基本的生活習慣の確立，コミュニケーション能力や社会性を向上させるための生活指導が行われている。さらに，施設内に設置された分校・分教室や，通学している校区の学校と連携をとり，学習機会の提供のための支援や学習指導が行われている。

２）児童自立支援施設

　児童自立支援施設とは「不良行為をなし，又はなすおそれのある児童及び家庭環境その他の環境上の理由により生活指導等を要する児童を入所させ，又は保護者の下から通わせて，個々の児童の状況に応じて必要な指導を行い，その自立を支援し，あわせて退所した者について相談その他の援助を行うことを目

的とする施設」（『児童福祉法』第44条）である。

　都道府県および政令指定都市に設置されることが義務づけられており，2023（令和5）年10月1日現在，58施設が設置され，1,145名が生活している[1]。

　施設には，児童自立支援専門員，児童生活支援員，嘱託医および精神科の診療に相当の経験を有する医師または嘱託医，家庭支援専門相談員，個別対応職員，心理療法担当職員，職業指導員，栄養士，調理員などが配置されている。

　入所する子どもの多くは，児童相談所からの措置による入所となるが，家庭裁判所の審判の結果，保護処分となり入所に至ることもある。

　施設では，子どもに対して生活指導，職業指導および学習指導が総合的に行われている。生活指導としては，家庭的雰囲気の中での規則正しい日常生活を通して，生活習慣の確立と豊かな人間性および社会性が培われることをめざし支援が行われている。職業指導としては，農作業や木工，裁縫などの作業を通した達成感や自信，協調性を身につけられる支援を行うとともに，職場体験や職場実習も実施され，退所後に就労する際に必要とされる技能や知識および社会人としての礼儀やマナーなどを習得するための支援も行われている。また，施設内には小・中学校（本校・分校・分教室）が置かれ，義務教育を受ける。また日課の中にも学習時間が設けられ，学習習慣の形成や基礎学力および学習意欲の向上などをめざし，個別の能力に応じた学習指導が行われている。

　なお，児童自立支援施設独自の運営形態として，**夫婦小舎制**がある。10人前後の子どもと1組の夫婦とその家族が一寮舎でともに生活しながら，子どもたちのケアを行うものであるが，職員の確保や労働環境の問題等からその数は減少しており，交代勤務制などを実施する施設が多くなってきている。

（4）その他の施設

1）保育所・認定こども園

　保育所とは「保育を必要とする乳児・幼児を日々保護者の下から通わせて保育を行うことを目的とする施設」（『児童福祉法』第39条）である。保護者の労働や，病気やけが，家族の介護などによって昼間に養育を受けられない乳幼児が入所し，保育士などにより養育が受けられる施設である。保育所の施設数は2023（令和5）年10月1日現在，22,189か所が設置されている[1]。

　職員は，保育士，嘱託医，調理員などが置かれている。保育時間は，1日8時間を原則としているが，8割以上が朝や夕方・夜の延長保育を実施し，一時預かり事業や地域子育て支援事業などを実施する保育所も増加している。

　なお，2006（平成18）年から就学前の教育・福祉ニーズに対応する施設として**認定こども園**がスタートした。認定こども園は，就学前のすべての子どもを受け入れ，教育・保育を一体的に行う施設である。さらにこの認定こども園のうち**幼保連携型認定こども園**が，2015（平成27）年度より児童福祉法に定める児童福祉施設として規定された。幼保連携型認定こども園とは，「義務教育及びその後の教育の基礎を培うものとしての満3歳以上の幼児に対する教育（教育基本法第6条第1項に規定する法律に定める学校において行われる教育をいう。）及び保育を必要とする乳児・幼児に対する保育を一体的に行い，これらの乳児又は幼児の健やかな成長が図られるよう適当な環境を与えて，その心身の発達を助長することを目的とする施設」である（児童福祉法第39条の2）。2023（令和5）年現在，幼保連携型認定こども園は，6,801施設（4月1日）³⁾，保育所型認定こども園は1,537施設（10月1日）¹⁾となっている。

　2）児童厚生施設

　子どもが遊びを通して得た経験は，情緒的・知的な発達と社会性を促進させるため，遊びは子どもの成長・発達に欠かすことができない。そのため，子どもが安心して楽しく遊ぶ環境を，社会が責任をもって整えていく必要がある。

　児童厚生施設とは「児童遊園，児童館等児童に健全な遊びを与えて，その健康を増進し，又は情操をゆたかにすることを目的とする施設」（『児童福祉法』第40条）であり，子どもに安心して遊べる環境を提供する施設である。地域の中で子どもたちが遊ぶ場が失われつつある現在において，子どもの遊びや活動を促進する児童厚生施設の役割は，さらに増大している。

　なお，児童厚生施設には屋内型の**児童館**と屋外型の**児童遊園**がある。

① 児 童 館

　児童館は，屋内に集会室，遊戯室，図書室等必要な設備を設け，子どもに健全な遊びを与えてその健康を増進し，または情操を豊かにすることを目的としている。児童館は，子どもたちに遊びを保障する場であり，職員としては「児童の遊びを指導する者」が置かれて指導や支援にあたっている。また，児童館

は，**放課後児童クラブ**の運営を行ったり，特に就園前の子どもの保護者への子育て支援にあたるなど，その活動内容は多岐にわたる。なお，児童館はその規模や機能により，小型児童館，児童センター，大型児童館に分類されている。2023（令和５）年10月１日現在，4,259施設が設置されている[1]。

小型児童館は，小地域を対象として子どもに健全な遊びを与え，その健康を増進し，情操を豊かにするとともに，母親クラブ，児童会等の地域組織活動の育成助長を図るなど，子どもの健全育成に関する総合的な機能を有する。

児童センターは，小型児童館の機能に加えて，運動，遊びを通して体力増進を図ることを目的とした指導機能を有するものである。

大型児童館は，その機能や目的に応じてＡ型児童館（児童センターの機能に加えて，都道府県内の小型児童館，児童センター等に対する児童館の指導および連絡調整等の役割を果たす施設），Ｂ型児童館（児童が宿泊しながら，自然を活かした遊びを通して協調性，創造性，忍耐力等を高めることを目的とする施設），Ｃ型児童館（広域を対象として児童に健全な遊びを与え，子どもの健康を増進し，または情操を豊かにする等の機能に加えて芸術，体育，科学等の総合的な活動ができるようにされた施設）に分けられている。

② **児童遊園**

児童遊園とは，屋外型の児童厚生施設であり，子どもに健全な遊びを与え，健康を増進し，情操を豊かにすることを目的としている。都市公園法によっても公園（街区公園）が配置されており，互いに相互補完的な機能を有しているといえる。児童遊園は，主として幼児および小学校低学年児童を対象に，近距離の区域内における遊び場としてその設置が進められている。

児童遊園には，広場やブランコ，すべり台，ジャングルジムなどの遊具設備やトイレ，水飲み場などが設置されている。

（5）児童家庭支援センター

児童家庭支援センターとは，「地域の児童の福祉に関する各般の問題につき，児童に関する家庭その他からの相談のうち，専門的な知識及び技術を必要とするものに応じ，必要な助言を行うとともに，市町村の求めに応じ，技術的助言その他必要な援助を行うほか〔中略〕指導を行い，あわせて児童相談所，

児童福祉施設等との連絡調整その他内閣府令の定める援助を総合的に行うことを目的とする施設」（『児童福祉法』第44条の２）である。

　児童家庭支援センターは，2023（令和５）年10月現在，176施設が設置され[1]，相談・支援担当職員および心理療法担当職員などが配置されている。

　センターでは，子ども・家庭・地域住民からの相談に応じ，必要な助言・指導を行うほかに，児童相談所からの受託による指導，関係機関との連携・連絡調整，地域啓発事業の実施，緊急一時保護などの事業が行われている。

３．家庭養護の概要

（1）家庭における養育

1）近年の里親制度

　里親制度とは，さまざまな事情により家庭で生活することができなくなった子ども（要保護児童）を里親家族が自分の家族に迎え入れ，温かい愛情と家庭的な雰囲気の中で，子どもの養育を行うものである。

　2016（平成28）年の『児童福祉法』改正や2017（平成29）年に発表された「新しい社会的養育ビジョン」において家庭養育優先の理念が規定され，里親委託率の目標が設定されたことなどにより，家庭に変わる養育の場として里親等への委託を促進する動きが加速している。なお，「新しい社会的養育ビジョン」では，３歳未満の子どもについては概ね５年以内に里親委託率75％以上を実現するという目標を掲げているが，目標達成には及ばない状況にある。

　改正された『児童福祉法』第３条の２では「児童及びその保護者の心身の状況，これらの者の置かれている環境その他の状況を勘案し，児童を家庭において養育することが困難であり又は適当でない場合にあつては児童が家庭における養育環境と同様の養育環境において継続的に養育されるよう，（中略）必要な措置を講じなければならない」と規定している。このことをふまえ，家庭の養育環境と同様の養育環境の提供が期待できる養子縁組や里親委託に取り組んでいかなければならない。

　また，「**里親委託ガイドライン**」では，社会的養護が必要な子どもを里親家庭に委託する効果として，①特定の大人との愛着関係の下で養育されることに

より，自己の存在を受け入れられているという安心感の中で自己肯定感を育むとともに，人との関係において不可欠な基本的信頼感を獲得することができる，②里親家庭において，適切な家庭生活を体験する中で，家族それぞれのライフサイクルにおけるありようを学び，将来，家庭生活を築く上でのモデルとすることが期待できる，③家庭生活の中で人との適切な関係の取り方を学び，身近な地域社会の中で必要な社会性を養うとともに，豊かな生活経験を通じて生活技術を獲得することができることの3点をあげており，社会的養護においては，原則として里親委託を優先して検討することが示されている。

2）里親の種類

里親は，次に示す4つの種類に分けられる（表5-1）。

① 養育里親

保護者のいない子どもや虐待などの理由により保護者が養育することが適当でない子ども（要保護児童）を養育する里親である。養子縁組は目的とせずに一定期間，子どもを養育する。養育人数の制限が設けられており，養育里親および専門里親の場合，里親に委託された子どもとそれ以外の18歳未満の子ども（実子など）を合わせ6人（委託児童については4人（専門里親の場合は2人））を超えて同時に養育することはできない。

② 専門里親

児童虐待等により心身に有害な影響を受けた子ども，非行等の問題を有する子ども，身体障がい，知的障がいまたは精神障がいがある児童などの専門的な

表5-1　里親制度（種類別）の概要

種類		養育里親	養子縁組里親	親族里親
		専門里親		
対象児童	要保護児童	次に挙げる要保護児童のうち，都道府県知事がその養育に関し特に支援が必要と認めたもの 1　児童虐待等の行為により心身に有害な影響を受けた児童 2　非行等の問題を有する児童 3　身体障害，知的障害又は精神障害がある児童	要保護児童	次の要件に該当する要保護児童 1　当該親族里親に扶養義務のある児童 2　児童の両親その他当該児童を現に監護する者が死亡，行方不明，拘禁，入院等の状態となったことにより，これらの者により，養育が期待できないこと

（出典　こども家庭庁：社会的養育の推進に向けて，2025，p. 12）

ケアを必要とする子どもを養育する里親である。専門里親になるためには３年以上里親の経験，専門里親研修受講等が必要となる。専門里親に委託できる児童の数は２人までで，委託期間は２年となっている。

③ 養子縁組里親

保護者のない子どもや家庭での養育が困難で実親が親権を放棄する意思が明確な場合の養子縁組（基本的に特別養子縁組）を前提とした里親である。特別養子縁組で子どもを迎えたいと希望している家庭が，児童相談所に相談した場合は，まず養子縁組里親への登録が必要となる。登録には里親研修を修了することなどの条件がある。その後，家庭訪問調査等を経て，認定されれば養子縁組里親として登録される。そして，特別養子縁組が必要な子どもが委託されると，６か月以上一緒に暮らした後に家庭裁判所の決定によって特別養子縁組が成立し，法的な親子関係が結ばれることになる。

④ 親族里親

両親が死亡，行方不明，拘禁，長期入院，精神疾患などの状態になったことで，子どもを養育できない場合に祖父母等の三親等以内の親族が里親となり，その子どもを育てるものである。

子どもの福祉の観点から，保護が必要な子どもを施設に入所させるよりも家庭で養育することが適当と決定した場合，民法上の扶養義務の有無にかかわらず，親族に子どもの養育を委託する制度となっている。

親族里親には，里親手当は支給されないが，一般生活費（食費，被服費等）などが支給されるため，経済的負担を減らすことができる。

3）里親の要件，里親登録までの流れなど

里親になるには，次の基本的な要件がある。①要保護児童の養育についての理解および熱意と児童に対する豊かな愛情を有していること，②経済的に困窮していないこと（親族里親は除く），③里親本人またはその同居人が欠格事由に該当していないこと，である。さらに，里親の種類ごとに研修（養育里親研修，専門里親研修，養子縁組里親研修）を受講し修了するなどの追加要件がある。

養育里親希望者は，里親制度に関するガイダンスを受けた後に養育里親研修を受講し，研修修了者には修了証が交付される。そして，児童相談所に対して

里親申請を行い，知事（市長）は児童福祉審議会に諮問して，里親としての適格性について審議がなされ，要件を満たしていることが確認されると養育里親として認定され知事が作成する名簿に登録される。その後，里親希望者と子どもとの引き合わせ，受け入れ準備を経て，里親委託となる。養育里親は5年ごとの更新が必要であり，その際に更新研修を受ける必要がある（図5-2）。

　里親には，里親手当や一般生活費などが支給される。里親手当が養育里親では月額90,000円（2人目以降も同額），専門里親は月額141,000円（2人目も同額）である。里親手当の支給対象は，養育里親と専門里親のみである。一般生活費（食費，被服費等）は，一人当たり月額乳児64,120円，乳児以外55,530円となっている（2024（令和6）年3月末現在）。その他にも，幼稚園費，教育費，入進学支度金，就職支度費，大学進学等支度費，医療費，通院費などが支給される。これらは，すべての里親に支給される。

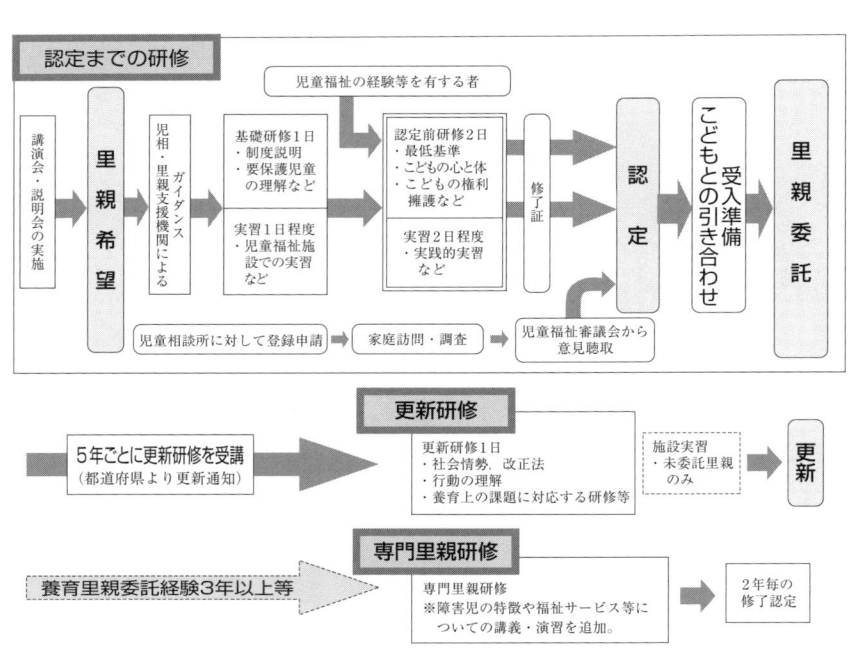

図5-2　養育里親の里親研修と登録の流れ

（出典　こども家庭庁：社会的養育の推進に向けて，2025，p.58）

4）里親支援センター

　里親は，子どもを育てる喜びとともに，不安や悩みを抱えながら里子の養育にあたっている。子育てに関する悩みのほかにも，子どもの病気や障がい，不登校，経済的問題，就職や進学など多様な課題と直面しているため，里親だけの努力では解決が困難である。このような里親を支援するため，2024（令和6）年施行の改正『児童福祉法』において，里親支援事業を行うほか，相談その他の援助を行う施設として**里親支援センター**が児童福祉施設として位置づけられた。一貫した体制で継続的に里親等支援を提供し，包括的に里親支援を行うための施設を設置することで，家庭養育を推進し児童の養育環境の向上を図ることを目的としている（図5－3）。支援対象者は，里親，小規模住居型児童養育事業（ファミリーホーム）に従事する者，里親等に養育される児童，里親になろうとする者である。

　里親支援センターは，里親等に係る支援を包括的に行い，具体的には里親支援事業（①里親制度等普及促進・リクルート業務，②里親等研修・トレーニング等業務，③里親等委託推進等業務，④里親等養育支援業務，⑤里親等委託児童自立支援業務）のすべてを行う。

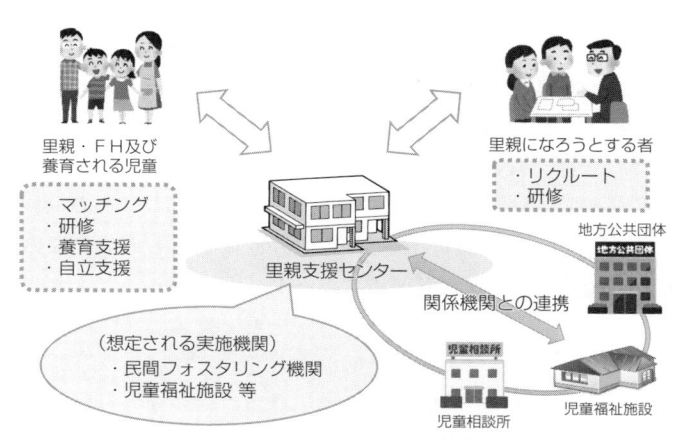

図5－3　里親支援センターによる里親養育包括支援
（出典　こども家庭庁：改正児童福祉法の施行等について，p.4）

（2）小規模住居型児童養育事業（ファミリーホーム）

　要保護児童に対して，より家庭的な養護の推進をめざし，改正『児童福祉法』により小規模住居型児童養育事業（ファミリーホーム）が創設され，2009（平成21）年から施行された。2023（令和5）年3月末現在，ホーム数は467か所となっている（厚生労働省：福祉行政報告例，2023）。

　小規模住居型児童養育事業は，養育者の住居において5人または6人の要保護児童を養育する事業であり，第二種社会福祉事業として位置づけられている。この事業者には，個人でも法人でもなることができるが，3人以上の養育者が必要とされる（ただし，養育者が1人以上の場合，補助者をもって他の養育者に代えることができる）。小規模住居型児童養育事業は，家庭的な環境で子どもを養育できることや，複数の子どもが共に育つことによる相互作用も生かした養育ができること，子どもを養育するための適切な職員体制を確保できることなどの利点をもつ養育事業であるといえる。

（3）養　　　子

　養子縁組には，**普通養子縁組**と**特別養子縁組**がある。普通養子縁組は養親となる者と養子となる者の契約により養子縁組を成立させる形態（契約型）であるのに対して，特別養子縁組は，裁判所の宣言によって養子縁組を成立させる形態（決定型）をとっている。特別養子縁組の効果は普通養子縁組に比べ大変強く，成立要件も普通養子縁組と比べ非常に厳しいものになっている。

　普通養子縁組は，『民法』第792条以下に規定されている。養親となれるのは，20歳以上の者で，独身でも可能である。養子となれる者は，養親より年長でなく，かつ養親の尊属（父母，祖父母，おじ，おばなど上の世代の血族）でない者である。当事者の合意に基づく届け出により養子縁組の成立となるが，未成年者を養子とする場合は家庭裁判所の許可が必要となり，子どもが15歳未満の場合は，法定代理人の承諾と監護者の同意が必要となる。実方親族との関係は継続され，戸籍上の記載は「養子」と明記される。

　一方，特別養子縁組は，『民法』第817条の2以下に規定されている。養親となれる者は，25歳以上の配偶者がいる者（夫婦の一方が25歳以上なら他方は20歳以上であればよい）である。

　また，養子となれる者は，原則として15歳未満の要保護性の顕著な特別な事情のある子どもである。特別養子縁組の成立は，家庭裁判所の審判によって行われるが，成立条件として子どもの利益のために必要なものであることが設けられており，6か月以上の試験養育期間も設けられている。

　成立にあたっては，実の父母の同意が必要とされるが，実の父母が意思表示できないときや，子どもを虐待・悪意の遺棄などをし，養子となる子どもの利益を著しく害するときは，同意は不要である。なお，実方親族との関係は消滅し，戸籍には養子であることが一見ではわからないように記載される。復縁は，子どもの利益のために必要と認められるときに，審判によってのみ許される。

4．社会的養護を支える法律

（1）社会的養護の基盤となる法令

1）児童の権利に関する条約

　『児童の権利に関する条約』は，1989年に国連で採択され，1994年にわが国が批准した条約であり，児童の人権の尊重と確保の観点から必要となる詳細で具体的な事項を規定したものである。

　第3条第1項では「児童に関するすべての措置をとるに当たっては（中略）児童の最善の利益が主として考慮されるものとする」と定めている。社会的養護は，ここで示されている「子どもの最善の利益」を基本理念としている。

　子どもの保護に関する条文としては，次のようなものがある。

第18条（抜粋）
1　締約国は，児童の養育及び発達について父母が共同の責任を有するという原則についての認識を確保するために最善の努力を払う。父母又は場合により法定保護者は，児童の養育及び発達についての第一義的な責任を有する。児童の最善の利益は，これらの者の基本的な関心事項となるものとする。

第19条（抜粋）
1　締約国は，児童が父母，法定保護者又は児童を監護する他の者による監護を受けている間において，あらゆる形態の身体的若しくは精神的な暴力，傷害若しくは虐待，放置若しくは怠慢な取扱い，不当な取扱い又は搾取（性的虐待を含む。）からその児童を保護するためすべての適当な立法上，行政上，社会上及び教育上の措置をとる。

第20条（抜粋）
1　一時的若しくは恒久的にその家庭環境を奪われた児童又は児童自身の最善の利益にかんがみその家庭環境にとどまることが認められない児童は，国が与える特別の保護及び援助を受ける権利を有する。
第21条（抜粋）
　養子縁組の制度を認め又は許容している締約国は，児童の最善の利益について最大の考慮が払われることを確保するものとし，また，(a) 児童の養子縁組が権限のある当局によってのみ認められることを確保する。

　これらの条文には，子どもの養育等における国の責任や虐待等を受けている子どもの保護，家庭環境を奪われた子どもが保護や援助を受ける権利をもつこと，適切な養子縁組の運営等について示されている。こうした内容はわが国の子ども家庭福祉，社会的養護施策において常に基本とされるものであり，社会的養護に関する法令，制度などの基盤となっている。

2）社会福祉法

　『社会福祉法』は，社会福祉を目的とする事業の全分野における共通的基本事項を定めたものであり，社会福祉の目的や理念，原則などについて規定している。また，社会福祉法人や社会福祉事業，福祉サービスの適切な利用，地域福祉の推進などについても規定している。

　第3条では，福祉サービスの基本的理念について「福祉サービスは，個人の尊厳の保持を旨とし，その内容は，福祉サービスの利用者が心身ともに健やかに育成され，又はその有する能力に応じ自立した日常生活を営むことができるように支援するものとして，良質かつ適切なものでなければならない」と定めており，社会的養護を必要とする子どもの支援にあたる児童福祉施設や里親はこのことを念頭に置き，質の高い支援を提供することが求められている。

3）児童福祉法

　『児童福祉法』は，わが国の児童福祉および社会的養護の基盤となる法律であり，『児童の権利に関する条約』の精神を基本にしている。

　社会的養護に関する内容としては，第3条第2項で，国および地方公共団体は，子どもを家庭で養育することが困難または適当でない場合には，児童が家庭の養育環境と同様の養育環境において継続的に養育されるようにすることや，児童を家庭および里親家庭などで養育することが適当でない場合には児童

ができる限り良好な家庭的環境において養育されるようにしなければならないことなどが定められている。

また，『児童福祉法』では，社会的養護に関連した行政機関や児童福祉施設，里親制度等について定められている。第12条から第13条にかけて，都道府県等が設置する児童相談所，その機能や配置職員，一時保護施設，児童福祉司の機能等について定めている。また，第25条の２では，要保護児童対策地域協議会とその機能等について定めている。

社会的養護に関する児童福祉施設については，第41条において児童養護施設を「保護者のない児童（中略），虐待されている児童その他環境上養護を要する児童を入所させて，これを養護し，あわせて退所した者に対する相談その他の自立のための援助を行うことを目的とする施設とする」と定めており，その他にも乳児院（第37条），母子生活支援施設（第38条），児童心理治療施設（第43条の２），児童自立支援施設（第44条），児童家庭支援センター（第44条の２），里親支援センター（第44条の３）等を定めている。

4）児童虐待の防止等に関する法律

社会的養護を必要とする子どもの多くが，親などから虐待を受けた経験をもち，児童養護施設や児童心理治療施設，児童自立支援施設に入所している子どももそうした傾向にある。これらの子どもを虐待から守るための法律が，『**児童虐待の防止等に関する法律**』（児童虐待防止法）である。

この法律では，虐待の早期発見・予防に関する義務，児童虐待を発見した場合の児童相談所や福祉事務所などへの通告義務，通告を受けた後の児童相談所等による対応に関する規定，虐待を行った保護者の指導に関する規定，虐待を受けた児童の支援に関する規定などが定められている。

（2）児童福祉施設・里親に関する基準
1）児童福祉施設の設備及び運営に関する基準

社会的養護を必要とする子どもの多くが暮らす乳児院や児童養護施設等の児童福祉施設において，子どもらが明るく衛生的な環境において，心身ともに健やかに育つことを保障するために，『**児童福祉施設の設備及び運営に関する基準**』が定められている。

この基準では，児童福祉施設の一般原則のほかに，非常災害対策，子どもを平等に取り扱う原則，虐待等の禁止，衛生管理，秘密保持，苦情への対応などの項目が定められており，児童福祉施設は，ここで定める最低基準を超えて，常に設備および運営を向上させなければならないとされている。

2）里親が行う養育に関する最低基準

里親に委託された児童について里親が行う養育に関する最低基準を定めたものが『**里親が行う養育に関する最低基準**』である。

この基準では，養育の一般原則として，里親が行う養育は，委託児童の自主性を尊重し，基本的な生活習慣を確立するとともに，豊かな人間性および社会性を養い，委託児童の自立を支援することを目的として行われなければならないことを定めている。その他に，虐待等の禁止，懲戒に係る権限の濫用禁止，健康管理，衛生管理，自立支援計画の遵守，秘密保持，関係機関との連携，家庭環境の調整への協力などが定められている。

（3）運営指針および養育指針
1）児童福祉施設の運営指針等

社会的養護を必要とする子どもたちへの適切な支援を実現させ，社会的養護の質を向上させることをめざし『児童養護施設運営指針』，『乳児院運営指針』，『児童心理治療施設運営指針』，『児童自立支援施設運営指針』，『母子生活支援施設運営指針』および『自立援助ホーム運営指針』が定められている。これらの運営指針には，養育・支援の内容と運営に関する指針が定められている。

指針は，2部構成になっており，第Ⅰ部の総論では，目的，社会的養護の基本理念と原理，施設の役割と理念，対象児童，養育・支援等のあり方の基本，施設の将来像で構成されている。第Ⅱ部の各論は，各種別の施設における養育・支援，家族への支援，自立支援計画と記録，権利擁護，事故防止と安全対策，関係機関連携・地域支援，職員の資質向上，施設の運営で構成されている。

また，各運営指針の解説書として「児童養護施設運営ハンドブック」，「乳児院運営ハンドブック」，「児童心理治療施設運営ハンドブック」等が作成されて

いる。これは運営指針の内容を掘り下げるとともに，事例や詳細な解説等を通じて，施設運営をできる限り可視化できるようにしたものである。

2）里親等の養育指針等

『里親及びファミリーホーム養育指針』は，里親およびファミリーホームによる養育内容と運営に関する指針を定めたものである。養育の理念や方法，手順などを社会に開示し，質の確保と向上に役立てることを目的としている。

第Ⅰ部の総論は，目的，社会的養護の基本理念と原理，里親・ファミリーホームの役割と理念，対象児童，家庭養護のあり方の基本，里親等の支援で構成されている。第Ⅱ部の各論は，養育・支援，自立支援計画と記録，権利擁護，関係機関・地域との連携，養育技術の向上等で構成されている。

また，里親制度は『児童福祉法』や『里親及びファミリーホーム養育指針』等の関係法令等に基づいて運営されているが，児童相談所や里親会，里親支援機関，児童福祉施設等の関係機関が協働し，より一層の里親委託の推進を図るため，「**里親委託ガイドライン**」が定められている。

ガイドラインの構成は，「里親の委託の意義」「里親委託の原則」「里親委託する子ども」「保護者の理解」「里親への委託」「里親の認定・登録」「里親家庭への支援」「子どもの権利擁護」「里親制度の普及と理解の促進」「里親委託及び里親支援の体制整備」からなる。それらの内容の一部を以下に記す。

（里親委託する子ども）
　保護者の養育の可能性の有無や，新生児から高年齢児まで子どもの年齢にかかわらず，また，施設入所が長期化している子どもや，短期委託が必要な子どもなど，すべての子どもが検討の対象とされるべきである。
（保護者の理解）
　里親や施設の選択は，児童相談所が子どもの利益となるよう行うが，保護者へは十分説明し理解を得るよう努める。また，里親委託へ不安を抱く保護者へは，養育里親と養子縁組希望里親との区別を説明し，養育里親による家庭的環境が子どもの成長を促すこと，社会的養護は里親委託が原則であること，保護者と子どもとの面会等は原則可能であること等を説明し理解を得る。
（里親への支援）
　里親の居住する市区町村や里親支援機関，児童家庭支援センター等と連携し，里親の資質向上を図る研修や，里親が孤立することのないよう里親支援を行う。

（里親の認定・登録）
　養育里親，専門里親については，養育可能な年齢であるかどうかを判断し，年齢の上限については柔軟な対応をする。養子縁組を前提とする里親は，子どもが20歳に達したときに，里親の年齢が概ね65歳以下であることが望ましい。

■参考文献

1）厚生労働省：令和5年社会福祉施設等調査の概況，2024
2）こども家庭庁：社会的養育の推進に向けて，2024
3）こども家庭庁：認定こども園に関する状況について，2024
4）相澤仁編集代表：子どもの養育・支援の原理，明石書店，2012

第6章　児童福祉施設の運営・管理

●● アウトライン ●●

1. 児童福祉施設の基準と制度

要 点

◎児童福祉施設の福祉サービスは『社会福祉法』に基づき，設備・運営は『児童福祉法』を根拠とする『児童福祉施設の設備及び運営に関する基準』で定めている。

◎児童福祉施設利用の多くは措置制度によるが，利用契約制度による施設もある。費用負担については応能負担の場合と応益負担の場合がある。

キーワード

社会福祉法　児童福祉法　児童福祉施設の設備及び運営に関する基準　措置制度
利用契約制度　応能負担　応益負担

2. 児童福祉施設の設備と職員配置

要 点

◎児童福祉施設における子どもの居住環境や施設職員配置については，『児童福祉施設の設備及び運営に関する基準』で具体的に定められている。

キーワード

児童の権利に関する条約　子どもの最善の利益　自立支援

3. 措置費の適切な執行と会計処理

要 点

◎措置費は，都道府県，市町村等が児童福祉法に規定する措置を実施した場合に支払われる費用であり，大きく分別すると事務費と事業費に大別される。

◎社会的養護を行う施設は，公的資金での運営のため支出規制が多く，社会福祉法人が経営する施設等に係る会計経理は，『社会福祉法人会計基準』に従い行われる。

キーワード

措置費　事務費　事業費　社会福祉法人会計基準

4. 施設養護における運営・管理

要 点

◎社会的養護を行う施設種別ごとに設けられた「運営指針」は，養護のめざすべき方向と水準を示し，その解説書として「運営ハンドブック」が作成されている。

◎各施設においては，第三者評価制度，苦情解決制度，研修制度などにより，子どもの権利保障，サービスの質の向上が図られている。

キーワード

施設運営指針　施設運営ハンドブック　第三者評価事業　苦情解決制度

■ 1. 児童福祉施設の基準と制度

　児童福祉施設を運営するためには，『社会福祉法』，『児童福祉法』，『児童福祉施設の設備及び運営に関する基準』などさまざまな法律，条令，規則，指針，通達等の関係法令上の規制を受け，社会的なルールや職業倫理を遵守し，児童福祉施設の社会的役割を果たしていかなければならない。

　福祉施設を運営する主な担い手である社会福祉法人には「**経営基盤の強化**」「**サービスの質の向上**」「**透明性の確保**」「**情報公開**」などが求められ，「**地域福祉推進の役割**」も明確になり，「**措置**」から「**利用契約制度**」に転換した。こうした制度改革の中で，社会福祉法人が運営する福祉施設は，以前のような行政指導に基づく適正な「運営」（施設運営）だけではなく，「経営」（経営管理：マネジメント）を求められるようになった。

（1）社会福祉法

　『**社会福祉法**』は，福祉サービスに関する通則的な規範を定めている。「福祉サービスの利用者が心身ともに健やかに育成され，又はその有する能力に応じ自立した日常生活を営むことができるように支援するものとして，良質かつ適切なものでなければならない」（第3条）とし，また，「社会福祉を目的とする事業を経営する者は，その提供する多様な福祉サービスについて，利用者の意向を十分に尊重し，地域福祉の推進に係る取組を行う他の地域住民等との連携を図り，かつ，保健医療サービスその他の関連するサービスとの有機的な連携を図るよう創意工夫を行いつつ，これを総合的に提供することができるようにその事業の実施に努めなければならない」（第5条）と規定している。

（2）児童福祉施設の設備及び運営に関する基準

　児童福祉に関する基本法として，『**児童福祉法**』が定められており，児童福祉施設の根拠法となっている。その『**児童福祉法**』第45条で「都道府県は，児童福祉施設の設備及び運営について，条例で基準を定めなければならない」と規定し，「その基準は，児童の身体的，精神的及び社会的な発達のために必要

な生活水準を確保するものでなければならない」とされている。ここでいう「基準」が『児童福祉施設の設備及び運営に関する基準』であり，児童福祉施設の設備や職員配置，運営についての最低基準を定めている。

（3）児童福祉施設への入所に関する制度

1）社会的養護の仕組みの特徴

措置とは，行政機関が行う行政上の処分のことで，社会福祉に関する権限を行使することであり，措置制度は都道府県や市町村等の事業として行われ，財源は措置費（国庫負担2分の1）となっている。また，母子生活支援施設は同様の国庫負担であるものの，利用者の判断が可能なため措置制度ではない。しかし，支援等の観点から行政への申し込み・決定の仕組みをとっている。

2）措 置 制 度

措置制度とは，福祉サービスを必要としている人に対して，行政機関が必要性を判断して利用者のサービスを決定することであり，都道府県や市町村などの行政機関が福祉サービスを利用できる条件を満たしているかを審査し，その結果で利用先が決定される仕組みである。

どのような施設によるどのような保護・支援が子どもの最善の利益となるか，行政機関（児童相談所等）が専門的知見に基づき入所等を決定する。対象児童は自分で自由に施設を選べるわけではなく，利用者本位のサービスを受けにくい側面があり，利用者の主体的利用が難しいことが課題となっている。

3）利用契約制度

利用契約制度は措置制度と違い，各自治体や児童相談所等などからの紹介に基づいて施設と直接契約を結び利用する方法であり，主に高齢者を対象とした介護保険制度や障害者施設の利用の際に適用される。児童福祉関連では，障害児入所施設や児童発達支援センター，母子生活支援施設などの施設に関連するサービスの利用を希望する際に適用される制度である。なお，障害児入所施設の場合，保護者による虐待や養育拒否などにより，措置となることもある。

4）利用者負担金制度

児童福祉施設を運営するための財源は措置費や補助金といった公的な負担（税金等）の収入が大半を占めている。児童福祉施設に入所している児童の扶

養義務者は，その負担能力に応じて一部を負担することとなっている。個人が支払う利用のための費用負担の仕組みとしては，**応能負担制度**と**応益負担制度**があり，応能負担は，個人の所得の状況などの支払い能力に応じて支払う方法で，措置制度により運営されている施設等で適用され，個人の負担能力（収入が多いか少ないか）に応じて費用を負担する。応益負担は，受けたサービスの量（受けた利益）に応じて支払う方法で，介護保険制度の利用者料等で適用される方法である。金額の算出にあたっては，毎年示される国の定めた基準に基づいて計算された利用料の総額の一定割合を費用負担する。

2. 児童福祉施設の設備と職員配置

（1）施設の設備

『児童福祉施設の設備及び運営に関する基準』では，児童福祉施設の設置者に関しては「児童福祉施設は，最低基準を超えて，常に，その設備及び運営を向上させなければならない」「最低基準を超えて，設備を有し，又は運営している児童福祉施設においては，最低基準を理由として，その設備又は運営を低下させてはならない」（第4条）と規定している。

表6-1　主な児童福祉施設の設備（児童福祉施設の設備及び運営に関する基準）

種　別	設備等の状況
児童養護施設	児童の居室（1室の定員4人以下，1人4.95㎡以上，乳幼児のみは定員6人以下，1人3.3㎡以上，年齢に応じて男女別とする），相談室，調理室，浴室，便所（男女別，少数の児童の場合を除く），医務室及び静養室（児童30人以上の場合），職業指導に必要な設備（年齢，適性等に応じて設置）
乳児院	寝室（乳幼児1人2.47㎡以上），観察室（乳幼児1人1.65㎡以上），診察室，病室，ほふく室，相談室，調理室，浴室，便所
児童自立支援施設	学科指導に関する設備は，学校教育法を準用 児童養護施設の設備の規定を準用（乳幼児の居室に関する規定は除く，男女の居室は別）
母子生活支援施設	母子室（調理設備，浴室，便所，1世帯1室以上，30㎡以上），集会，学習等を行う室，相談室，保育所に準ずる設備（付近の保育所等が利用できない場合），静養室（乳幼児30人未満），医務室及び静養室（乳幼児30人以上）

表 6 － 2　　児童養護施設の職種別職員定数表

職種別	職員の定数
施設長	1 人。ただし，定員が30人未満の場合は児童指導員と兼務することができる。
児童指導員・保育士	通じて定員5.5人につき 1 人。ただし，定員45人以下の施設については，この定数のほか 1 人を加算する。
個別対応職員	1 人。
家庭支援専門相談員	1 人。
栄養士または管理栄養士	1 人。ただし，定員41人以上の場合に限る。
事務員	1 人。
調理員等	定員90人未満の場合は 4 人。以下同様に30人ごとに 1 人を加算する。
嘱託医	1 人。

（2）職員配置

　例えば児童養護施設には，児童指導員，嘱託医，保育士，個別対応職員，家庭支援専門相談員，栄養士または管理栄養士および調理員を置くことが義務づけられている（表 6 － 2）。例外措置として40人以下の児童を入所させる施設では栄養士または管理栄養士を，調理業務の全部を施設外の業者に委託する場合には調理員を置かないことができるとしている。

　心理療法を行う必要があると認められる児童10人以上に心理療法を行う場合は，心理療法担当職員を置かなければならないことが定められ，実習設備を設けて職業指導を行う場合には，職業指導員を置くこととされている。

▎3．措置費の適切な執行と会計処理

（1）主な財源（措置費・運営費）

　措置費は，措置制度に基づいて都道府県，指定都市，中核市，児童相談所設置市，市町村または児童相談所が児童福祉法に規定する措置を実施した場合に必要とされる経費として支払われる費用であり，大きく分別すると**事務費**（施設運営のための職員の人件費および施設管理費など）と**事業費**（利用者支援に

表6－3　措置費等の負担区分

経費の種別	措置等主体区分	児童等の入所先等の区分	措置費等の負担区分		
			市町村	都道府県	国
母子生活支援施設及び助産施設の措置費等	市及び福祉事務所を管理する町村	市町村立施設及び私立施設	1/4	1/4	1/2
		都道府県立施設		1/2	1/2
	都道府県，指定都市，中核市，児童相談所設置市	都道府県立施設，市町村立施設及び私立施設		1/2	1/2
その他の施設里親の措置費等	都道府県，指定都市，児童相談所設置市	都道府県立施設，市町村立施設及び私立施設		1/2	1/2
一時保護所の措置費等	都道府県，指定都市，児童相談所設置市	児童相談所（一時保護施設）		1/2	1/2
保育の措置費	市町村（指定都市，中核市及び児童相談所設置市含む）	特定教育・保育施設及び特定地域型保育事業所	1/4	1/4	1/2

必要な経費等）で構成されている。その算定基準は，毎年国から示され，措置権者（措置を行う責任者）である自治体は国と分担して措置費を支払う義務を負っており，措置費等の負担区分は表6－3のとおりである。

（2）会計処理

　社会的養護を行う施設は，公的資金によって運営されているため，資金についての支出規制が多い。一定の要件を満たす場合には，措置費の弾力運用が認められているが，法人運営，利用者支援，会計・経理など資金の使途に関して行政の指導を受ける。また，社会福祉法人が経営する施設等に係る会計経理については，『社会福祉法人会計基準』に従って行わなければならないとされている。

　資金収支計算書は，表6－4に示す勘定科目に沿って適切に収入・支出を会計処理しなければならない。適切に処理した会計（計算書類等）は，資金繰り，財政状態等を判断し，事業運営（経営）に必要な情報となる。

表6－4　資金収支計算書勘定科目

収入の部（事業活動による収入）

大区分	中区分	小区分	説　　明
児童福祉事業収入	措置費収入	事務費収入	措置費支弁額中の人件費及び管理費に係る収入
		事業費収入	措置費支弁額中の入所者の処遇に必要な一般生活費等に係る収入
	私的契約利用料収入		措置施設等における私的契約に基づく利用料収入
	その他の事業収入	補助金事業収入（公費）	措置受託に関連する，国及び地方公共団体から交付される補助金事業に係る収入
		補助金事業収入（一般）	措置受託に関連する，国及び地方公共団体以外から交付される補助金事業に係る収入　措置受託に関連する補助金事業に係る利用者からの収入
		受託事業収入（公費）	措置受託に関連する，地方公共団体から委託された事業に係る収入
		受託事業収入（一般）	措置受託に関連する，受託事業に係る利用者からの収入
		その他の事業収入	上記に属さないその他の事業収入をいう。利用者からの収入

支出の部（事業活動による支出）

大区分	中区分	説　　明
人件費支出	職員給料支出	常動職員に支払う俸給・諸手当
	職員賞与支出	常動職員に支払う賞与
	非常勤職員給与支出	非常動職員に支払う俸給・諸手当及び賞与
	派遣職員費支出	派遣会社に支払う金額
	退職給付支出	退職共済制度など，外部拠出型の退職金制度に対して法人が拠出する掛金額及び退職手当として支払う金額
	法定福利費支出	法令に基づいて法人が負担する健康保険料，厚生年金保険料，雇用保険料等の支出

※事業費及び事務費については，中区分の勘定科目のみ記載し，説明は省略する。

大区分	
事業費支出	給食費支出，介護用品費支出，医薬品費支出，診療・療養等材料費支出，保健衛生費支出，医療費支出，被服費支出，教養娯楽費支出，日用品費支出，保育材料費支出，本人支給金支出，水道光熱費支出，燃料費支出，消耗器具備品費支出，保険料支出，賃借料支出，教育指導費支出，就職支度費支出，葬祭費支出，車輌費支出，雑支出等
事務費支出	福利厚生費支出，職員被服費支出，旅費交通費支出，研修研究費支出，事務消耗品費支出，印刷製本費支出，水道光熱費支出，燃料費支出，修繕費支出，通信運搬費支出，会議費支出，広報費支出，業務委託費支出，手数料支出，保険料支出，賃借料支出，土地・建物賃借料支出，租税公課支出，保守料支出，渉外費支出，諸会費支出，雑支出等

4．施設養護における運営・管理

（1）施設運営指針

　2011（平成23）年7月にとりまとめられた「社会的養護の課題と将来像」では，施設等によって運営に差があることから，施設運営等の質の向上を図るため，施設種別ごとに，運営理念等を示す「指針」と，指針を解説した「手引書」の作成が求められ，また，自己点検としての「自己評価」や「**福祉サービス第三者評価**」の3年に1度の受審と毎年度の自己評価の実施が義務づけられた。2012（平成24）年3月には，母子生活支援施設，児童養護施設，乳児院，情緒障害児短期治療施設（現・児童心理治療施設），児童自立支援施設の5つの社会的養護施設の運営指針が作成された。『保育所保育指針』は最低基準に基づき保育の内容および運営に関する事項を定めたものであるのに対し，社会的養護施設の運営指針はめざす方向性とその水準を示すものになっている。

（2）社会的養護の施設運営ハンドブック

　2011（平成23）年度末に「運営指針」の発刊や社会的養護の施設等の施設長の資格要件省令化や研修受講の義務化，2012（平成24）年度からは自己評価並びに第三者評価の受審と結果の公表の義務化など，社会的養護を「社会にひらく」ことを進める諸改革が進められた。2013（平成25）年3月には，第三者評価機関並びに評価調査者，施設関係者の手引きとして『社会的養護関係施設における「自己評価」「第三者評価」の手引き』（ハンドブック）が発刊された。『施設運営ハンドブック』は，この手引きにおける各施設の説明を補完し，また，「運営指針」の解説として作成され，施設種別の役割・機能や抱える事情が違うため主たる利用目的に沿った独自性を生かしたものとなっている。

（3）福祉サービス第三者評価事業

　『社会福祉法』第78条第1項では，「社会福祉事業の経営者は，自らその提供する福祉サービスの質の評価を行うこととその他の措置を講ずることにより，常に福祉サービスを受ける者の立場に立つて良質かつ適切な福祉サービスを提

表6−5　福祉サービス第三者評価基準ガイドラインにおける各評価項目

Ⅰ　福祉サービスの基本方針と組織
　　Ⅰ-1　理念・基本方針　　　　　　　Ⅰ-2　経営状況の把握
　　Ⅰ-3　事業計画の策定　　　　　　　Ⅰ-4　福祉サービスの質の向上へ
　　　　　　　　　　　　　　　　　　　　　　　の組織的・計画的な取組

Ⅱ　組織の運営管理
　　Ⅱ-1　管理者の責任とリーダーシップ　Ⅱ-2　福祉人材の確保・育成
　　Ⅱ-3　運営の透明性の確保
　　Ⅱ-4　地域との交流，地域貢献
Ⅲ　適切な福祉サービスの実施
　　Ⅲ-1　利用者本位の福祉サービス　　　Ⅲ-2　福祉サービスの質の確保

供するよう努めなければならない」と規定している。これに基づき，福祉サービス第三者評価事業が実施されている。この評価事業は任意での受審となっているが，社会的養護関係施設（児童養護施設，乳児院，児童心理治療施設，児童自立支援施設，母子生活支援施設）については受審が義務づけられている。これについては，2015（平成27）年の厚生労働省通知「社会的養護関係施設における第三者評価及び自己評価の実施について」において，「子どもが施設を選ぶ仕組みでない措置制度等であり，また，施設長による親権代行等の規定もあるほか，被虐待児等が増加し，施設運営の質の向上が必要であることから，第三者評価の実施を義務付けることとした」としている。

（4）苦情解決制度

　苦情解決は，『社会福祉法』（第82条）や『児童福祉施設の設備及び運営に関する基準』（第14条の３）に規定されている。『基準』では，苦情への対応として，「児童福祉施設は，その行つた援助に関する入所している者又はその保護者等からの苦情に迅速かつ適切に対応するために，苦情を受け付けるための窓口を設置する等の必要な措置を講じなければならない」と規定しており，苦情解決体制（苦情解決責任者，苦情受付担当者，第三者委員の設置）を整え，利用者等に周知することが求められている。

（5）研 修 制 度

　『児童福祉施設の設備及び運営に関する基準』では，「児童福祉施設の職員は，常に自己研鑽に励み，法に定めるそれぞれの施設の目的を達成するために必要な知識及び技能の修得，維持及び向上に努めなければならない」（第7条の2第1項）「児童福祉施設は，職員に対し，その資質の向上のための研修の機会を確保しなければならない」（同条第2項）と規定している。

　人材育成を図るために，研修は必須のものであり，質の高い福祉サービスを安定的に提供するためには，そこに従事する職員の質が不可欠である。研修には，さまざまな形態がある。現場において，実際にその仕事を行いながら学ぶ「OJT（On the Job Training）」，新しく有益な知識や理論に触れ，情報を収集し，知識の体系化や自身の職場・職務を客観的に見つめ直す機会ともなる「Off-JT（Off the Job Training）」や自己啓発として自らの意思で取り組む能力開発やスキル収集「SD（Self Development）」があり，また，階層別（各階層に求められる必要なスキル），職種別（それぞれの職種や業種に必要なスキル），テーマ別などさまざまな研修がある。

（6）安 全 管 理

　子どもの安全・安心を確保することは，施設にとって最も重要で欠かせない事柄であり，前述した運営指針でも「事故防止と安全対策」について示されている。また，『児童福祉施設の設備及び運営に関す基準』でも，子どもの安全と安心した生活が確保できるように，建物，設備，職員や提供されるサービスの内容について基準を定めている。安全管理（子どもの安全と安心）には，すべての事柄に細心の注意を払い対応しなければならず，そのためには，基本的事項から重要事項まで手順書やマニュアルを作成し，施設に従事する者全員が必要な対応ができるよう求められている。

社会的養護の専門職

●●● アウトライン ●●●

1．生活支援を担当する専門職とその役割

要 点

◎子どもの生活支援の役割は，保育士や児童指導員といった専門職が中心となって担っている。「生活」を支援するため，入所施設であれば子どもたちと寝食をともにしながら，その発達を支え，生活力を高めていく支援を行っていく。

キーワード

生活指導　学習指導　職業指導　　保育士　児童指導員　児童自立支援専門員
児童生活支援員　母子支援員　少年を指導する職員

2．相談支援等を担当する専門職とその役割

要 点

◎子どもたちの基本的な生活を支える専門職のほか，家庭復帰や自立に向けた支援を行う専門職，子ども本人が抱える課題に対応する専門職などがある。

キーワード

家庭支援専門相談員　自立支援担当職員　里親支援専門相談員　個別対応職員
職業指導員　心理療法担当職員

3．その他の専門職とその役割

要 点

◎施設入所の子どもに直接関わらないものの，間接的に支える専門職によって子どもたちの生活は成り立っている。

キーワード

医療的ケアを担当する職員　栄養士　管理栄養士　調理師　事務員

4．専門職による連携

要 点

◎社会的養護を担う施設での生活や支援は，さまざまな専門職によって成り立っているが，各専門職が連携することによって支援の効果が高まる。

キーワード

目標の共有　役割分担　経過の共有　評価　PDCAサイクル

　『児童福祉施設の設備及び運営に関する基準』第7条には次のように示されている。「児童福祉施設に入所している者の保護に従事する職員は，健全な心身を有し，豊かな人間性と倫理観を備え，児童福祉事業に熱意のある者であつて，できる限り児童福祉事業の理論及び実際について訓練を受けた者でなければならない」。子どもたちの生活を支える職員には，知識や技術の面での高い専門性だけでなく，まず子どもを支援する者としての人間性が問われる。

　また，職員には高い倫理観も求められる。施設で生活する子どもたちの多くは，それまでの生活の中で虐待などの被害を受けたり，さまざまな形で大人に振り回され権利を侵害されたりしてきた経験がある。そのため，職員には子どもたちの意見表明を支援し，最善の利益を追求する姿勢が必要である。

　また，前出『基準』第7条の2において「児童福祉施設の職員は，常に自己研鑽に励み，法に定めるそれぞれの施設の目的を達成するために必要な知識及び技能の修得，維持及び向上に努めなければならない」とされている。

　こうしたことを前提として，本章では社会的養護に携わる職員の専門性について，職種ごとに学んでいく。

1．生活支援を担当する専門職とその役割

（1）保　育　士

　保育士は，『児童福祉法』第18条の4において「第18条の18第1項の登録を受け，保育士の名称を用いて，専門的知識及び技術をもつて，児童の保育及び児童の保護者に対する保育に関する指導を行うことを業とする者」とされる。

　施設においては，子どもたちの一番近くで最も多く一緒の時間を過ごしながら，生活を支える役割である。多くの場合は交代で宿直などの勤務をしながら，日々子どもたちと一緒に食卓を囲み，掃除や洗濯などで生活環境を整え，子どもたちの成長を見守り支える専門職である。保育所，乳児院，母子生活支援施設，児童養護施設，障害児入所施設等に配置されている。

（2）児童指導員

　児童指導員は，児童養護施設や障害児入所施設などで，保育士とともに子ど

もたちの生活を支える中心になる職員である。保育士同様に子どもたちと生活をともにしながら，子どもたちの心身の健やかな成長とその自立を支援し，安定した生活環境を整えることを基本とする。**生活指導，学習指導，職業指導および家庭環境の調整**をすることが役割である。

　近年では施設形態の小規模化が進み，グループホームなどの一般家庭に近い生活形態が増えている。その場合，ホームを担当する保育士や児童指導員が生活全般の支援や生活環境の管理も担う必要があるため，これらの職員には調理や掃除などの家事についての能力がさらに求められる。

　任用要件については『児童福祉施設の設備及び運営に関する基準』（以下『基準』）第43条に定められており，①養成施設を卒業した者，②社会福祉士・精神保健福祉士資格を有する者，③大学・大学院において，社会福祉学・心理学・教育学・社会学を修めた者，④小・中学校，高校の教員資格を有する者，⑤児童福祉施設において一定の年数以上従事した者，と整理できる。

（3）児童自立支援専門員・児童生活支援員

　児童自立支援専門員は，『基準』第80条で「児童自立支援施設において児童の自立支援を行う者」と定められている。生活指導，学習指導，職業指導および家庭環境の調整がその役割である。任用要件は，①医師であり精神保健に関して学識経験を有する者，②社会福祉士，③都道府県知事の指定する児童自立支援専門員を養成する学校その他の養成施設を卒業した者など，8項目のうちいずれかを満たさなければならない（『基準』第82条）。

　児童生活支援員は，『基準』第80条で「児童自立支援施設において児童の生活支援を行う者」と定められ，社会的自立を支援する児童自立支援専門員に対し，児童生活支援員は子どもの生活力を高める支援が主な役割となる。任用要件は，①保育士，②社会福祉士，③3年以上児童自立支援事業に従事した者の3項目のうち，いずれかを満たさなければならない（『基準』第83条）。

（4）母子支援員・少年を指導する職員

　母子支援員は，『基準』第27条で「母子生活支援施設において母子の生活支援を行う者」と定められている。保育士・社会福祉士・精神保健福祉士等の資

格を要する（『基準』第28条）。母子に対する支援は「就労，家庭生活及び児童の養育に関する相談，助言及び指導並びに関係機関との連絡調整を行う等の支援により，その自立の促進を目的とし，かつ，その私生活を尊重して行わなければならない」（『基準』第29条）とされている。

　『基準』第27条で示されている**「少年を指導する職員」**は，母子生活支援施設において，子どもたち生活や学習の支援を行う。任用要件は示されていないが，児童指導員と同様の資格要件や保育士資格などが求められる。

┃ ２．相談支援等を担当する専門職とその役割

（１）家庭支援専門相談員

　ファミリーソーシャルワーカーとも呼ばれ，主に入所児童の早期家庭復帰促進を図る専門職である。乳児院，児童養護施設，児童心理治療施設，児童自立支援施設に配置され，家庭復帰や家族再統合に向けたマネジメントを担う。社会福祉士もしくは精神保健福祉士の資格を有する者，児童養護施設等において児童の養育に５年以上従事した者などの要件がある（『基準』第42条ほか）。

　子どもたちの早期家庭復帰をめざし，子どもたちを施設に受け入れた時点から家族の抱えた課題をアセスメントして支援方針を定め，支援に取り組みながら課題解決を図る。そのため，施設内外の各専門職との円滑な連携が求められる。施設内においては各部門の職員との活発なコミュニケーションの中心となり，また児童相談所をはじめとする各種支援機関と連携する際の窓口となってさまざまな連絡や調整を行うことも重要な役割である。

　家庭支援専門相談員は1999（平成11）年度に乳児院に配置され，その後，他の施設に配置されていった。そのため，こども家庭庁の定める業務内容において，支援の範囲は里親や養子縁組，施設退所者など今日では別の専門職が担うものまで含まれている。

　名称のとおり施設における家庭支援の中心となるため，子どもの保護者に対する連絡や対応などを担うことも多い。以上のように家庭支援専門相談員の業務内容は多岐にわたり，支援対象となる子どもの数も多いため，２名（条件を満たせば３名）の配置が可能となっており，複数配置されている施設も多い。

（２）自立支援担当職員

　児童養護施設，児童心理治療施設，児童自立支援施設，自立援助ホームおよび母子生活支援施設に配置される，児童の社会的自立や退所後のアフターケアを担当する職員である。

　18歳で成人となったり，高校を卒業したり就職したりすれば社会的に自立できるというわけではなく，それぞれの状況に合わせた自立までの継続的な支援が必要であるのは当然のことであり，施設はその中心的役割を果たすことが求められる。また近年は施設退所者向けの奨学金などさまざまな支援が充実しており，高卒後に大学や専門学校へ進学する者も増えている。この場合は学費を含めた金銭の管理や一人暮らし生活のサポート，学校の履修登録・奨学金などの手続き，健康管理などについて支援することも施設に求められるアフターケアである。こうした支援の中心になるのが**自立支援担当職員**である。

　家庭支援専門相談員と同様の任用要件であり，複数配置も可能である。

（３）里親支援専門相談員

　児童養護施設と乳児院に配置される。児童相談所や里親会等と連携して，施設入所児童の里親委託を推進し，退所児童のアフターケアとしての里親支援，所属施設からの退所児童以外を含め地域の里親支援を行う。児童相談所等の公的機関と違い，施設は夜間や土日も基本的に稼働しているため，里親子の相談に乗ったり，訪問したりという支援を行うことが展開しやすい。

　フォスタリング機関を受託している施設においては業務内容がさらに増え，支援対象の範囲は広がる。里親登録家庭数を増やすための取り組みや里親制度の啓蒙などの業務に関してもフォスタリング機関と連携して行うこととなる。

　家庭支援専門相談員と同様の任用要件であり，複数配置も可能である。

（４）個別対応職員

　被虐待児童の増加に伴い，個別対応の必要な子どもを対象に配置された専門職で，生活場面での１対１の対応や保護者対応を想定している。実際には，担当の部門をもたずフリーで動ける立場を活かし，施設内のあらゆる場面で，子どもたちの抱えるさまざまな課題から表出する行動に対処する役割である。

児童養護施設，乳児院，児童心理治療施設，児童自立支援施設および母子生活支援施設に配置される。

（5）職業指導員

職業選択のための相談，助言や職業指導を行い，就労や自立を支援する。

児童養護施設または児童自立支援施設に配置できるが，配置にあたっては施設内に実習設備を設けるなどの条件がある。

（6）心理療法担当職員

被虐待を理由として施設で生活する子どもたちに対しては，安定した生活支援と並行して，心理的側面からの支援により，心に受けたダメージの回復が必要である。心理士による各種セラピーやカウンセリングなどで回復を図るとともに，心理士が生活場面に関わることで子どもたちそれぞれの抱える課題についてアセスメントを深め，他の職員との連携を強くすることができる。

子どもの支援や支援計画の策定などに助言するほか，関係者会議への出席や子どもの保護者との面接などで専門性を発揮する。

乳児院，児童養護施設，母子生活支援施設，児童心理治療施設，児童自立支援施設に配置される。大学等で心理学を修めることが資格要件であるが，現場においては臨床心理士・公認心理師などの資格をもつ者が多い。

3．その他の専門職とその役割

施設には直接子どもの生活に関わらなくとも周辺から支える職員がいる。こうしたバックアップによって子どもたちの生活は，より安心できるものとなる。

（1）医療的ケアを担当する職員

社会的養護の施設では，子どもが集団生活をしているため，当然病気やけがで医療的な対応が必要になることも多い。また，虐待の被害から精神科に通院し服薬をしている子どもも増えている。そのため，施設には看護師や自治体によっては医師が非常勤として配置されていることもある。服薬管理や通院同

行，医学的知識など医療面での専門性によって子どもを支えている。

（２）栄養士または管理栄養士・調理師

　生活の基本を構成する大きな要素は食にある。それを支える栄養士または管理栄養士や調理師といった専門職は，豊かな栄養とバランスの取れた食事によって子どもたちの身体の発達を支えるだけでなく，おいしい食べ物でお腹を満たすことで満足感や安心感を与え，また，食育を通して自立を支援することなど重要な役割を担っている。

（３）事　務　員

　施設における事務業務は多く，また非常に複雑であるが，これらの業務によって子どもたちの生活が支えられていることを忘れてはならない。生活費や学校の費用，お小遣いなどが整えられているのは事務員の日々の働きのおかげであるし，さらに言えば子どもたちの生活を直接支える職員の給与など，施設そのものの運営にかかる費用の請求業務も事務員が担っている。

４．専門職による連携

（１）専門職の連携とは

　社会的養護を担う施設においては，これまで述べたように生活支援の専門職や相談支援の専門職など，さまざまな専門職の役割があり日々の支援が成り立っている。しかし，これらはそれぞれの専門分野で独立して働くものではない。支援のあり方について考えを共有した上で，施設内外のさまざまな機関同士で多職種相互の連携がなされることによって，支援の効果はより高まる。

（２）連携のプロセス

　連携の方法にはさまざまな要素があるが，具体的な取り組みの一つとして実践のプロセス例を以下に示す。

１）目標の共有

　支援の目的や方向性，求める結果などが職員や機関によってバラバラでは支

援の成果が得られるわけがない。何を目標とするのか，そのためにはどのような課題を解決しなければいけないのか，解決の方法はどのようなものがあるのか，それぞれの立場からの意見をもとに共有することが必要である。

2）役割分担

共通の目標に向け，それぞれがどのような支援を行うのかを整理する。「あの人がやってくれているはず」と勝手に思い込んで抜けてしまったり，同じ内容を複数が実施してしまったり，支援が目標に向かっていなかったり十分でなかったりすることを防ぐ。

3）経過の共有

「やってみてどうだったか」を適宜共有することで各職員・各機関が支援のプロセスを把握でき，それを自分たちの支援に反映させることができるようになる。また，コミュニケーションの機会を増やすことで関係を深め，より円滑に情報共有できるようにすることや，それぞれが課題に取り組んでいる様子を知ることで，自らのモチベーションを上げる効果もある。

4）評　　価

支援の結果については可能な限り関係者が集まって評価することが望ましい。これはそれぞれの立場や専門性による異なる視点を持ち寄り相対化することで，できるだけ多面的な評価をするためである。異なる専門性をもつ者同士で評価や意見が食い違うことは当然であり，むしろ同じ意見しか出ないことのほうが危惧すべき状況と考えられる。

こうして合意された評価をもとに，次の支援を検討していくというサイクルにつなげる。これはいわゆる **PDCA サイクル**（Plan〔計画〕−Do〔実行〕−Check〔評価〕−Action〔改善〕のサイクル）と同様の支援プロセスであり，多機関多職種の連携によってサイクルを回しながら目標に向かうことができる。

■参考文献
・川村隆彦：ソーシャルワーカーの力量を高める理論・アプローチ，中央法規出版，2011

● ● アウトライン ● ●

1. 施設養護における生活と支援

要　点

◎施設で暮らす子どもの背景は，虐待をはじめ，保護者の精神疾患等の理由が重層的に絡んでいる。また，発達障がい等，何らかの障がいを抱えている子どもも増加傾向にあることからも，子どものニーズに応じたきめ細かな支援が必要となる。

◎保育士は日常の生活支援の中で，子どもが安心・安全に暮らせる環境を用意するとともに，他の専門職と連携を取りながら支援を行うことや，自立に向けて，社会生活を送るためのスキルが身につけるよう支援する必要がある。

キーワード

アドミッションケア　学校等との連携　アドボカシー　チーム養育　試し行動
ペアレンティング　SST（ソーシャル・スキル・トレーニング）

2. 家庭養護における生活と支援

要　点

◎現在，日本においては，家庭養護の委託を優先するよう施策が講じられている。家庭養護は，特定の養育者による一貫した養育の展開が期待できる。

◎家庭養護は，一般家庭に子どもを迎え入れて養育を行うため，地域の中で孤立する危険もある。そのため，児童相談所，フォスタリング機関や里親支援センターをはじめ，地域の社会資源等を活用しながら養育にあたる必要がある。

◎養子縁組は，里親やファミリーホームと違い措置ではないため，子どもが18歳以降も家庭の場が保障される。

◎里親とファミリーホームでは，委託される子どもの数，養育者の条件（社会的養護による養育経験の有無）などの違いがある。

キーワード

パーマネンシー　委託前交流　里親支援専門相談員（里親支援ソーシャルワーカー）　フォスタリング機関　里親支援センター　アタッチメント　通称姓

1．施設養護における生活と支援

（1）施設養護における生活特性

　乳児院や児童養護施設等の施設で暮らす子どもは，代替養育が必要になる子どもの約８割を占めている。施設入所に至る背景は，１つの要因ではなく，虐待をはじめ，保護者の長期入院，精神疾患等が重層的に絡んでいる。そのため，不適切な養育を受けてきたことによって愛着に課題のある子どものほか，発達障がい等の何かしらの障がいを抱えている子どもが増加している。

　施設養護には，乳児院や児童養護施設のほか，医療や心理面も含めた生活支援を行う児童心理治療施設や，不良行為等のある子どもの自立支援を行う児童自立支援施設，障がいのある子どもを対象とした障害児入所施設など，子どもの特性に応じたケアを専門的に行う施設がある。設置数の最も多い児童養護施設（約600か所）において，被虐待児は約７割，何らかの障がいを抱えている子どもは約４割入所している。このような背景からも，施設養護では，家族との関係調整やトラウマによる心理的なケア等も含め，子ども一人ひとりに応じた支援が必要となる。

　戦後，児童養護施設や乳児院等の施設養護は，１養育単位の定員数が20人以上である**大舎制**を中心に集団養育が展開されてきた。集団養育では，規則や日課に則した画一的な養育になりやすく，子ども同士の力に基づく関係性も生じやすい。子どもたちが抱える背景が複雑かつ多様になっていることからも，児童養護施設では，１養育単位を６名とする小規模グループケアや，本体施設から離れた場所に一般の家庭と同様の環境下で子ども４～６名を養育する地域小規模児童養護施設や分園型小規模グループホームの設置が促進され，家庭的な養育環境の下，個々のニーズに応じた支援を行う体制の整備が進んでいる。

（2）施設養護における日常生活支援

　ここでは，児童養護施設における事例を取り上げる。事例中の下線部の番号と，以降の項目１）～６）を対応させて読んでほしい。

【事例　身体的虐待で児童養護施設に入所したYちゃん】
　児童養護施設で生活する小学校4年生のYちゃん（10歳）は、ひとり親である母親の身体的虐待を理由に一時保護され、半年前から児童養護施設での生活が始まった[1]。入所して5か月は、担当保育士へ積極的に話しかけ、遊園地への外出行事は非常に喜んでおり[2]、特に問題なく生活をしていた。しかし、ここ1か月ほどは様子が変わり、登校の準備が遅れる日や学校での出来事を話さない日が続いている[3]。また、担当保育士に「抱っこして」など極端に甘えることもあれば、同室で生活する小学校1年生のSちゃん（6歳）の玩具を取り上げるなどして泣かせてしまうことが数回あった。その都度、担当保育士がYちゃんに対し「困っていることや、不安なことがあったら一緒に考えるよ」と話をする[4]が、「仕事でやってるくせに」と反抗的な態度をとる。
　Yちゃんの不安定な状態が続いているため、ケース会議を開き、他の専門職と連携しながら、Yちゃんの支援について検討した[5]。その中で、母親の心理面等が回復し、身体的虐待の可能性がなくなり[6]、安定した生活の見通しが立てば、家庭復帰を検討すること、Yちゃんが母親と会いたがっていることが共有された。家庭支援専門相談員や児童相談所と連携をとりながら、母親との面会に向けて調整することとなった。

1）アドミッションケア

　施設入所前後のケアを**アドミッションケア**という。虐待等の理由があるにせよ、子どもは、家族や友人たちとの別れについて喪失感を抱いている。また、一時保護から措置へ至る期間は急な環境変化となるため、一時保護の決定を含め、措置の決定については子どもが理解しているとは限らない。そのため、措置開始前には、児童相談所が十分な説明を行うと同時に、措置決定後は、児童相談所や施設の専門職とも連携を図り援助方針を共有する。

　また、今後の養育を進めていく上でも、子どもの大切にしている所有物や価値観の把握も必要となる。「**子どもの権利ノート**」等を活用し、年齢や発達段階に合わせて、今後の生活が安心できることを説明し、特に中・高生等の学齢の高い子どもには、金銭の使い方や生活のルール等、子どもの意見も聴きながら確認しておくことも必要となる。その他にも、衣食住を中心として、生活に必要な食器や寝具類等を揃えることや、一緒に買い物に行き、子どもの希望に沿った日用品等を話し合いながら購入することも大切である。

2）行事等を通した社会体験

施設では，衣食住を中心とした日常の生活以外に，キャンプや遊園地等の外出行事がある。貧困等の家庭の状況により，外泊をする経験，外食や遊園地等への外出経験がない子どもは珍しくはない。そのような子どもたちが，行事等を通して社会経験を積むことは，施設生活を肯定的にとらえる思い出にもつながり，社会生活を送る上でも，他者と共有できる話題づくりにもつながる。また，キャンプ等の外泊行事を通し，非日常的な環境において他の子どもや職員と時間を共有することは，施設の仲間意識や結束力の向上といったグループダイナミクスの効果も期待できる。

3）学校等との連携

施設養護では，子どもたちが近隣の保育施設，小・中学校や高校，あるいは特別支援学校や支援学級に通う。また，大学等に通うケースもある。施設で暮らす子どもたちは，さまざまな背景を抱えていることや，学習に遅れや苦手意識があることが多いため，集団での行動をとる学校と情報共有をし，特徴を把握してもらうことは重要である。気になる言動があった際にも，早期に連絡が取り合える関係性を構築しておくことも大切である。

また，近年は施設から大学等へ進学するケースが増加し，児童養護施設では，18歳まで措置されている子どものうち，約40％が大学・専修学校等に進学している。しかし，進学しても退学すると，奨学金の返済等に困難を抱えることにもなるため，入学前から進学先との情報共有や，「**社会的養護自立支援事業**」等を活用した関係機関との連携も必要である。

4）アドボカシーの実践

子どもの日常生活における養育を担う上で基本となるのが，コミュニケーションを介して子どもの気持ちを理解しながら，子どもの意見表明をサポートするなどといった**アドボカシー**の実践である。『児童の権利に関する条約』第12条では，「子どもが自由に自分の意見を表明する権利」，「意見を聴取される機会の保障」が示されており，2022（令和4）年の『児童福祉法』改正では，都道府県の業務として，子どもの意見表明等を支援するための事業を制度に位置づけ，その体制整備に努めることが示された。

虐待等を受けてきた子どもたちは，自分の気持ちを言語化することが苦手で

あることや，大人への不信感や恐怖感から意見を伝えたくないという子どもたちもいる。保育士等の養育者は，子どもがうまく言語化できない気持ちがあることを理解し，子どもが話したいときに話ができる環境を可能な限り用意し，子どもの気持ちを傾聴することで，子どもは納得感や満足感が得られる。また，施設の職員だけではなく，第三者のアドボケイトという大人に話をする活動（意見表明等支援事業）も行われている。このような支援を繰り返し，子どもの背景によって時間はかかるが，アドボカシーの保障につながっていく。

5）チーム養育

不適切な養育を受け，大人への依存体験等が奪われてきた子どもは，安心できる環境，優しくされる環境であることがわかると，癇癪や過度な甘え等を出す「試し行動」を行うケースもある。また，トラウマとなることを思い出し，心理的に不安定になることがある。そのような際，担当保育士1人で抱えずに，他の専門職等と連携しながら，チームで養育にあたる必要がある。施設養護には保育士以外にも専門職が配置されているが，心理的なケアを担う専門職として，乳児院や児童養護施設等には，「心理療法担当職員」が配置され，カウンセリング等を行っている。その他，子どもの状況に応じて，対人関係や社会生活の中での必要なスキルを高めるプログラムとして，SST（ソーシャル・スキル・トレーニング）等を実施している施設もある。

また，施設養護においては，保育士等の生活支援を担う職員は，ローテーションを組んで支援にあたるため，引き継ぎのための日々の記録や元担当の保育者等の記録を確認し，チームとして支援に取り組み，支援の一貫性や継続性を確保していくことが必要である。

6）ペアレンティング

子どもが措置される最も多い理由が虐待である。家庭復帰にあたっては虐待の加害側となる実親などといった養育環境の調整や，親自身による感情のコントロールが必要である。虐待をする実親等は，自身も虐待を受けて育ってきた経験などから，暴力以外の解決方法を身につけていないケースもある。

加害する実親等が**ペアレンティング・トレーニング**（ペアレント・トレーニング）を受けることにより，子どもが努力したことを可視化することや，怒鳴る以外のしつけ方法など，コミュニケーションのあり方を知ること，面会や外

泊等を通しながら実践し，親子の関係性を取り戻すことをめざす。2022（令和4）年の『児童福祉法』改正では，要保護児童等を対象に，親子間の適切な関係性の構築を目的とした「**親子関係形成支援事業**」が新たに事業化された。

2．家庭養護における生活と支援

（1）家庭養護の生活特性

　現在，日本の社会的養護においては，**パーマネンシー**（永続的な家庭環境）保障の必要性が指摘されており，家庭での養育が困難な場合は「家庭と同様の環境における養育」の推進が図られている。この「家庭と同様の環境における養育」が家庭養護であり，里親，養子縁組，小規模住居型児童養育事業（ファミリーホーム）を指す。家庭養護の特徴としては，一般の家庭に子どもを受け入れ，一貫かつ継続した特定の養育者と生活基盤を共有することがある。この特定の養育者が変わらない点は，交替勤務である施設養護とは異なる。

1）里親と養子縁組の違い

　里親やファミリーホームで生活する子どもは，児童養護施設等と同様に原則18歳までの措置期間であり，その前に家庭復帰するケースもある。一方，養子縁組は，戸籍上の親子関係を結ぶことになるため，養子縁組成立後は，措置の対象とはならない。そのため，養子縁組においては，18歳以降の家庭の保障を行えることにもなる。しかし，里親やファミリーホームの子どもが18歳以降措置解除後に実親等を頼れない場合，「**児童養護施設退所者等に対する自立支援資金貸付事業**」の対象となり，自立に向けた金銭的な支援が受けることができるが，養子縁組は，社会的養護に関連する支援の対象外となるため，進学等は養親の家庭の経済状況にも影響される。また，特に幼少期に養子縁組を行った際，養子として迎え入れたことに子どもの納得度がないと，養子縁組を結んだことへの不信感を募らせる場合もある。そのため，生い立ちの整理等を通して，丁寧な説明が必要となる。

2）里親とファミリーホームの違い

　里親とファミリーホームの違いは，委託される子どもの数，養育者の条件として社会的養護における養育経験を問う点などである。また，ファミリーホー

表8－1　里親とファミリーホームの比較

	養育里親	小規模住居型児童養育事業 （ファミリーホーム）
位置づけ	個人	第二種社会福祉事業
委託数	1～4名 （実子が18歳未満である場合は，実子と委託される子ども合わせて6名まで）	5～6名
養育者条件	①養育についての理解及び熱意並びに児童に対する豊かな愛情を有していること ②都道府県知事が行う養育里親研修を修了していること ③経済的に困窮していないこと　等	①養育里親であること ②養育里親経験2年以上で2名以上の養育経験 ③養育里親登録5年以上で5人以上の養育経験 ④児童養護施設等における職員経験3年以上　等
体制	夫婦 （ただし，単身者でも適切な養育が行える場合は，認定しても差し支えない）	①夫婦を基本とし，養育者2名＋補助者1名以上 ②養育にふさわしい家庭環境が確保される場合は，養育者1名＋2名以上の補助者でも可

（資料　「里親制度運営要綱」「小規模住居型児童養育事業（ファミリーホーム）実施要綱」をもとに筆者作成）

ムは第二種社会福祉事業であり，「事業」として位置づけられ，家事や養育の補助を行う「補助者」が配置されているところに特徴がある（表8－1）。

　里親，ファミリーホームにおいても，施設養護と同様に虐待経験のある子どもや何らかの障がいのある子どもは増加傾向にある。虐待経験のある子どもは，里親は約45％，ファミリーホームは約55％，何らかの障がいを抱えている子どもは，里親が約30％，ファミリーホームは約50％となっている。家庭養護は閉鎖的な環境になりやすく，養育者は常に子どもと生活をともにするため，各家庭に合わせたサポート体制が必要である。

（2）家庭養護における日常生活支援

　ここでは，里親家庭における事例を取り上げる。事例中の下線部の番号と，以降の項目1）～6）を対応させて読んでほしい。

【事例　養育里親家庭の実情】
　養育里親として小学4年生のR君（10歳）を3年間養育しているAさん夫婦には，高校生の実子（17歳）がおり，ともに生活している1)。ある日，Aさん夫婦に，児童相談所から乳児院で生活するK君（2歳）の委託について打診があり，その委託を受けることとなった。K君の委託前には面会や外出，宿泊等の交流を行い2)，乳児院の里親支援専門相談員や，フォスタリング機関の職員とともに受入れの準備や養育方針を確認した3)。
　K君が委託されると，しばらくはAさん夫婦が離れると泣き出すことや，夜泣きが続いたが，Aさん夫婦の関わりの中で安定した生活を送っている4)。その一方で，近所に住む，犬の散歩を通して交流のあるJさんから「R君がわが家の犬に『Kは可愛いんだけど，パパ（里父）もママ（里母）もKに夢中なんだよな』と話かけていて寂しそうだったよ」と話を伺い5)，最近，R君の気持ちを聴いていないことに気づかされた。
　その後，K君は保育所に通うことになり，フォスタリング機関の職員とともに，保育所へ赴き関係者で情報共有を図った。その中で，A夫婦は保育所に通う子どもたちに混乱が生じないように，本名ではなくA夫婦の苗字を使用して保育所に通わせたいと伝えた6)。

1）同居家族と他の子どもの理解

　家庭養護の特徴として，養育者と血縁関係のある実子や両親等の親族と生活を共有する場合がある。また，複数の子どもを養育している場合もある。特にファミリーホームは，委託される子どもが5～6名であるため，子ども同士の関係を活かし，子ども同士が成長し合うことも期待されている。そのため，子どもを迎えるにあたっては同居家族や他の子どもたちの理解を得ることが必要である。委託される子どもと年齢が近い子どもがいる場合，学校等の友人をはじめ，玩具等も共有する対象となり，トラブルとなることもある。

　また，委託される子どもには，児童相談所，フォスタリング機関や里親支援センターの訪問等，専門職から話を聴取される機会があるが，実子には家庭養護の関係者から意見を聴取される機会がほとんどない。このような背景からも，最近では実子への支援の必要性が求められている。

2）委託前交流

　乳児院や児童養護施設には，里親支援専門相談員を配置することができ，当該施設で生活している子どもの里親委託のマッチングや委託後の支援等を担っ

ている。里親やファミリーホームへの委託前には，児童相談所，フォスタリング機関や里親支援センターと連携し，状況に合わせ，数回の面会や外出，里親家庭への外泊等を行い，子どもと里親の関係づくりを行う。

　本事例では，施設からの委託であるが，一時保護所や家庭からの委託もあるため，交流の方法や期間は異なる。委託前は，子どもの気持ちを大切にしながら，子どもが安心できるよう支援し，子どもの好きなことや好きな物の把握等も含め，丁寧に準備を進めることが大切である。

3）専門機関と里親支援専門相談員との連携

　里親とファミリーホームを支援する専門職として代表的なものが，**里親支援専門相談員（里親支援ソーシャルワーカー）**である。乳児院や児童養護施設に配置することができ，施設から里親やファミリーホームへ委託する際のマッチング，委託前から委託後における継続的な支援等を行っている。

　里親とファミリーホームを支援する機関としては，児童相談所をはじめ，**フォスタリング機関**や**里親支援センター**がある。フォスタリング機関は，本来，児童相談所が行う里親に関する業務の全部または一部を都道府県等より委託された機関である。里親委託後における里親に対する研修や里親養育への支援等を主な業務とし，里親支援相談員とも連携しながら業務を行っている。

　支援の一例として，子どもを他の里親宅等へ預け，里親が一時的な休息をとる**レスパイト・ケア**がある。施設職員は，労働基準法の範囲の中で仕事として養育を行うが，家庭養護である里親は原則24時間365日養育にあたる。そのため，よりよい養育を継続するためにレスパイト・ケア制度を活用することも必要である。支援メニューについては，各養育家庭に則した活用を検討・提案することも専門職として必要である。

　里親支援センターは，2022（令和4）年の『児童福祉法』改正により創設された。里親支援事業を行うほか，里親およびファミリーホームに従事する者，委託された子どもや里親になろうとする者について相談その他の援助を行うことを目的としている。フォスタリング機関との大きな違いは，里親支援センターは児童福祉施設として位置づけられているところにある。

4）アタッチメント

　家庭養護では，特定の養育者と生活基盤を共有するため**アタッチメント**が築

きやすい。アタッチメントとは「愛着」と訳され，特に乳幼児期に獲得すること
が求められている。実親との関係性を奪われた子どもが，新たな特定の養育者
を介して，情緒的な基盤を形成し，自他への基本的信頼関係を構築する。特定
の大人との愛着関係の下で養育されることにより，自己の存在を受け入れられ
ているという安心感の中で，自己肯定感を育むとともに，人との関係において
不可欠な，基本的信頼感を獲得することができる。

　施設養護では，交替勤務であることや，職員の退職や異動等が生じ，アタッ
チメントの形成が困難である。家庭養護が促進される背景の1つとして，特定
の養育者によるアタッチメントの形成が構築しやすい点がある。このような背
景からも，2016（平成28）年の『児童福祉法』改正において，家庭養育優先の
原則が明記された。

5）地域の社会資源の活用

　家庭養護は，私的な生活の営みを軸とする家庭に子どもを迎え入れるため，
閉鎖的な環境になりやすい。家庭養護における養育は，あくまで社会的養護で
あるため，地域や社会に対してクローズになってはならならず，地域社会と関
係を結び，必要に応じて助け，助けられる関係をつくる社会性が必要である。

　家庭養護に関する地域の社会資源としては，児童相談所やフォスタリング機
関等があり，養育者または子どもの課題等に専門的に対応する機関がある。ま
た，各地域には里親会があり，近隣の里親やファミリーホーム養育者との交流
を図っている。他に，ケースによっては，子どもが生活していた乳児院や児童
養護施設等の社会的養護に関連した機関もあり，子どもの生い立ちの整理をす
る上でも必要な資源である。そして，何かしらの障がいを抱えている子どもは
医療機関等の専門的機関がある。

　本事例では地域住民といったインフォーマルな社会資源に触れたが，関係機
関との協働はもとより，近隣住民や，学校や保育所等の関係者，習い事の関係
者等，子どもの状況を理解し養育を応援してくれる関係づくりを試みていくこ
とが養育者に求められる。

6）通称姓の使用

　養子縁組は，戸籍上親子になるため，養子縁組成立後は，養親の苗字を名乗
ることになるが，里親・ファミリーホームで暮らす子どもは，里親の苗字を通

称姓として使用し，学校や保育施設等に通うことがある。この背景には，未だ日本の社会において里親やファミリーホームに関する認知や理解が十分ではない現状がある。通称姓を名乗らない場合，友人や教員から「なぜ，あなたは親（里親）と苗字が違うのか」などと質問され戸惑い，友人との関係性等に悩む可能性もある。そのため，通称姓の使用にあたっては，子どもの意見を汲みながら，学校や保育施設等の理解を得たうえで行う必要がある。

　通称姓の使用の課題としては，里親家庭への措置が終了すると，戸籍上の姓での生活が開始されるという点が挙げられる。これまで名乗っていた苗字を変更することで，自身のアイデンティティへ影響することも考えられるため，措置解除後のサポートが必要である。また，本人が望み，手続きを踏めば，成人後に単独戸籍を取得し，里親と同じ苗字を取得することもできる。

■参考文献
・遠藤利彦：アタッチメント理論から見る子どもの育ちと家庭，世界の児童と母性，（83）4，2018，pp.7-11
・こども家庭庁：社会的養育の推進に向けて（令和7年1月），2025
・こども家庭庁：里親支援センターの設置運営について，2024
・厚生労働省：里親委託ガイドライン，2011
・厚生労働省：児童養護施設養育指針，2012
・厚生労働省：里親及びファミリーホーム養育指針，2012
・野口啓示：むずかしい子を育てるペアレント・トレーニング，明石書店，2009

第9章

治療的支援・自立支援・家庭支援

●● アウトライン ●●

1．治療的支援

要点

◎社会的養護を利用する子どもたちの多くが傷つきを抱えており，健全育成のための治療的支援が必要である。

◎治療的支援を行うためには，心理療法担当職員等による治療だけでなく，保育士による安定した生活を支える取り組みが必要である。その際，支援者自身も傷つく可能性があるため，組織として支えていく必要がある。

キーワード

被虐待体験　治療的支援　支援者支援　二次的トラウマティックストレス

2．自立支援

要点

◎社会的養護における自立支援は，自立に向けた生きる力を身につけさせることと，自立した社会生活に必要な基礎的な力を身につけさせることである。

◎施設の特性や家庭での体験不足により生活体験が不足している子どもたちには，必要な支援をプログラム化して提供することが必要である

キーワード

生活体験　児童自立生活援助事業　自立支援担当職員　自立支援プログラム

3．家庭支援

要点

◎家庭支援とは，子どもの家庭に対する認識を整理するとともに，適切な環境を構築するように支援することである。

◎家族の再統合にあたっては，子どもの心理的治療，親支援を通して再虐待のリスクについて慎重に見極める必要がある。

キーワード

親子分離　再虐待　親への支援

1．治療的支援

（1）治療的支援の必要性

　社会的養護を利用する子どもたちは多くの傷つきを抱えている。例えば虐待の被害に遭った子どもたちは，心身に傷つき，健全な人格形成が阻害された状態にある（詳細は第11章）。被虐待体験により，攻撃的になったり，挑発的になったり，対人関係を適切に築けないなど，社会生活において問題とされるような言動は，その後の生活を困難なものにする。こうした体験が新たな傷つきを生むこともある。

　また，障がいに対する周囲の無理解のために生じる傷つきに着目することも必要である。例えば自閉スペクトラム症や ADHD などの発達障がいは，対人関係において相手の気持ちを理解することが苦手な場合が多い。また，発達障がいや知的障がいのある子どもは，ある動作や事象に対して「こだわり」をもち，そこから動けなくなる場合がある。そのため周囲から自分勝手な子どもなどのレッテルが貼られ，友人関係が築きにくくなり，孤立したり，対立したりすることもある。これらは二次障がいと呼ばれ，障がい特性を起因とするが障がい特性そのものではなく，環境により防ぐことが可能なものである。親も障がい特性を理解しないことから二次障がいを生じさせてしまうこともある。

　社会的養護を利用する子どもたちは，家庭から切り離されたことによる傷つきだけでなく，上記の虐待や障害，周囲の無理解な対応による傷つきを抱えて入所する。そのため，社会的養護では子どもたちの健全な育成のために傷つきに対して**治療的支援**を行う必要がある。

（2）生活の中における治療

　虐待被害等により生じる**トラウマ**（心的外傷）は，個人では対処できないほどの圧倒されるような体験によってもたらされる深い心の傷つきであるため，精神科医や心理療法担当職員によって治療を行う必要がある。その傷つきに触れることで，そのときの記憶がよみがえり，**フラッシュバック**が生じることもある。次の事例を見てみよう。

【事例　被虐待体験とトラウマ】
　Rさん（中学1年生女児）は，身体的虐待（父親からの暴力），心理的虐待（母親からの暴言等）により半年前から児童養護施設で暮らしている。入所と同時に施設内で心理療法に週1回通っている。入所当初はちょっとした物音にもビクッとするなど，常に周りを警戒している様子がみられたが，最近は中学校に友人ができるなど，情緒的に安定し，子どもらしい生活が送れるようになった。
　担当保育士とスーパーマーケットに買い物に行ったときのことである。Rさんは店内で中年男性が店員を怒鳴りつけている場面に遭遇した。Rさんの表情は固まり，涙があふれ出し，息が荒くなり，その場から動けなくなってしまった。担当保育士はRさんを抱き抱え，その場から立ち去った。
　その頃Rさんは心理療法の場面において，親への思いや暴力被害に対して話すことはなく，そういった話題はあえて避けているような状況がみられていた。生活場面においては，担当保育士に対する信頼を強めている様子で，最近は夕食の買い物を一緒することを楽しみにしている様子だったが，今回のことを機に買い物に行くのを拒むようになった。

　Rさんのトラウマは癒えていないことが予想される。そのため，スーパーでの出来事は虐待場面を想起させたのであろう。このように，その子どもが安全な場に保護されても，ちょっとしたきっかけで虐待されていた場面が思い起こされてしまう。こうした傷つきを癒す作業は地道である。心理治療に通っているからといってすぐに解決するものではない。安心して治療に向かえるための安定した生活環境が必要になる。食事をしたり，学校に行ったり，友達と遊んだりする。治療はそうした安定した日常に支えられて展開する。子どもたちは社会的養護における生活を通して，子どもらしい体験を経験し，心身の発達が促され，社会性を身につけていき，傷つきを癒していく。傷ついた子どもの治療的支援は，治療と子どもらしい生活の両方によって構成されていく。

　つまり，心に深い傷つきを抱えた子どもがその治療に向き合うためには，安定した生活環境の後ろ盾が必要となる。子どもは怖いと思ったときに安心できる安全基地に飛び込むことで，守られるという安心感を得ることができる。社会的養護において子どもたちの生活支援にあたる保育士などのスタッフは，子どもたちの傷つきを認識し，安心・安全の基地となれるような信頼関係を構築することで，治療を進めるための重要な役割を担っている。

（3）傷つきをふまえた生活支援

　生活支援を担うスタッフは，子どもが安心して暮らせるように，子どもとの適切な関係形成を行い，安全な生活環境を構築する。そして，治療を担うスタッフとの連携が必要になる。

　子どもとの関係形成においては，子どもにとって安全な存在であること，子どもを守ってくれる存在であることを認識してもらう必要がある。子どもは職員の言動をよく見ており，職員は日頃の関わりや言動が子どもとの関係性を構築すると認識する必要がある。また，暴力により心身の傷つきが生じた子どもたちが多くいることから，暴力や威圧的な対応はもちろん，大きな声は事例のように虐待場面を思い起こさせる可能性があるため，配慮が必要となる。

　また，身体的虐待や性的虐待の被害にあった子どもへの対応においては，子どもとの物理的な距離を適切に取ることが必要となる。こうした子どもたちの中には，他者と適切な距離を保つことができず，再被害にあうこともある。日常場面で子どもを膝に乗せてテレビを見たり抱っこしたりすることはあるが，子どもの年齢や性別を考慮するとともに，それが適切なものか，常に職員間でチェックし合うことが必要である。ボディタッチは愛着形成において重要な役割を果たすものでもあるから，すべての身体的接触を禁止するものではない。他者との適切な関わりを日々の生活の中でモデルを示して教えていく。このように，傷つきのある子どもたちは不適切な生活環境の中で育ったために不適切な行動様式や対人関係を学んでいることがあるため，社会的養護における生活の中でそれらを適切なものに戻していくという意識が職員には必要である。

（4）支援者自身の傷つきと支援者支援

　虐待など，過酷な状況の中で育った子どもたちを支援する際には，子どもたちに対する共感的姿勢を示すことが必要となる。しかしながら職員が共感的になればなるほど，子どもたちの体験を職員自身が自身の体験のように受け取り，子どもたちと同様の傷つきが生じることがある。**二次的トラウマティックストレス**といわれる状況である。子どもたちに対して共感的に関わろうとすればするほど，職員自身も傷つきを深める。

　また，子どもとの関わりは職員自身の親との体験などを想起させ，自身の親

子関係に課題がある場合には，そのことと直面することになり，辛い思いをする可能性もある。こうした状況を放置すると，適切な支援を行えないばかりか，日常生活においても悪影響が生じることがある。次の事例を見てみよう。

【事例　職員への支援の必要性】

　Xさんは児童養護施設の保育士として働き出して2年目である。保育所で働くことを希望して大学に通ったが，実習で訪れた児童養護施設の仕事にやりがいを感じ，実習先への就職を決めた。就職2年目になり，少し余裕が出始めたが，職員に対して挑発してくる子どもたちや，年少の子どもに対して威圧的に関わる子どもたちとの対応に日々疲弊していく自分を感じていた。

　そのような中，Y君（中学3年男児）が対戦型のゲームをして盛り上がっていた年下の子どもに対して「お前ら，うるせーんだよ，ばか」と発言したことがとても腹立たしく感じられ，「お前のほうがうるせーよ」と怒鳴ってしまった。Xさんはすぐに我に返って「ごめん，今のは適切な表現じゃなかった」とY君に謝罪したが，日頃は温厚なXさんが怒鳴ったことに子どもたちはびっくりした様子だった。

　翌日，Xさんはこの対応のことをホームリーダーのZさんに伝えた。Xさんの中で何が起きていたのかZさんが聞いたところ，「疲れていたのだと思います。それと，僕，長男なんですけど，両親が共働きで，夕食とか学校の持ち物とか，弟たちの面倒を僕が見てたんです。少しでもサボって，自分のことだけをしていると両親に怒られました。なぜかそのことを思い出しました」と伝えた。

　傷つきのある子どもの支援において，職員も傷ついてしまうことはある。Xさんはきっと子どもたちに親身になりながら，傷つきを抱え，精神的に余裕のない状況になっていたのだろう。一方で自身が成長する過程において，親から「弟たちの面倒をみること」が課せられ，それに対して怒りを感じていたのだと考えられる。この場面は，そうした状況が重なり，発生したと考えられる。

　児童養護施設の職員の抱えるストレスは高い状況にあることが多いように感じるが，これは傷つきのある子どもを支援する仕事であることからくる構造的な問題である。そのため，施設はストレスが高まらない方策を取る必要がある。研修により専門性を高めたり，職員組織として，一人にストレスがかからないようにしたり，フォローする仕組みをつくったりなどである。この事例においてもZさんがフォローをしている。治療的支援において職員が傷つく可能性を理解し，健康的に仕事ができるように職員組織として支えていく必要がある。

２．自 立 支 援

（１）自立支援の必要性

　社会的養護の目的は，家庭で暮らすことができない状況において，一時的に養育環境を提供し，家庭に戻る，もしくは新たな家庭を提供することである。したがって社会的養護における**自立支援**は，その子どもの発達に応じた力を身につけさせることと，社会的養護から家庭に戻らずに自活等の生活を送るために必要な力を身につけさせることの両方を意味する。ただし児童養護施設入所児童のうち，「自立まで現在のままで養育」は６割程度（表９－１）であり，家庭に戻れない子どもたちは家族の後ろ盾がないままに自立した社会生活を送ることが強いられるため，そのための支援が重要である。

表９－１　児童の今後の見通し別児童数（乳児院を除く）

（人）

	里親	児童養護施設	児童心理治療施設	児童自立支援施設	ファミリーホーム	自立援助ホーム
総　　数	6,057 100.0%	23,043 100.0%	1,334 100.0%	1,135 100.0%	1,713 100.0%	958 100.0%
保護者のもとへ復帰	712 11.8%	6,009 26.1%	498 37.3%	566 49.9%	310 18.1%	38 4.0%
親類等の家庭への引き取り	51 0.8%	250 1.1%	19 1.4%	15 1.3%	18 1.1%	5 0.5%
自立まで現在のままで養育	4,081 67.4%	13,814 59.9%	267 20.0%	42 3.7%	1,211 70.7%	771 80.5%
養子縁組	610 10.1%	28 0.1%	1 0.1%	0 0.0%	13 0.8%	*
里親・ファミリーホーム委託	2 0.0%	430 1.9%	30 2.2%	47 4.1%	10 0.6%	2 0.2%
他施設へ移行予定	96 1.6%	435 1.9%	367 27.5%	325 28.6%	30 1.8%	45 4.7%
現在のままでは養育困難	173 2.9%	950 4.1%	55 4.1%	28 2.5%	33 1.9%	14 1.5%
その他	306 5.1%	1,029 4.5%	87 6.5%	104 9.2%	76 4.4%	76 7.9%

注）＊は，調査項目としていない。
（出典　こども家庭庁：児童養護施設入所児童等調査の概要（令和５年２月１日現在），2024）

（2）生活の中における自立支援

　『児童養護施設運営指針』には，「自立に向けた生きる力の獲得」や「自立した社会生活に必要な基礎的な力」の必要性が記されている。家庭で暮らす子どもたちは日々の**生活体験**を通してそれらを身につけていく。例えば，学校に間に合うように起床する，親と買い物に出かける，親と食事の調理をするなど，日々の暮らしすべてが自立するための基礎的な力を養う。しかし，施設で暮らしているとそうした体験が抜け落ちることがある。次の事例を見てみよう。

> **【事例　児童養護施設を退所後のSさん】**
> 　Sさんは12年暮らした児童養護施設を退所して半年になる。現在は一人暮らしをしながら大学に通っている。給付型の奨学金を受給しており，足りない生活費については大学の近くにある飲食店のアルバイトで賄っている。困ったことがあるときには在所していた施設の担当保育士にその都度連絡をとって助言を得ている。これまでに，住民票移動などの行政の手続き，家賃や光熱費等の支払い，家計のやりくり，調理，友人との人間関係などを相談してきた。また，アパートの鍵をなくしたときには，施設に預かってもらっていた合鍵を取りに行くこともあった。

　施設からの自立でなくても，18歳で自立した生活をしていくことには困難が伴う。一般的に行政手続きや家計のやりくりは親がその役割を担うことが多く，一人暮らしをして初めて自分で行ったという人も多いだろう。ただし家庭で生活していると役所で手続きをする親の様子を傍らで見たり，一緒に買い物に出かけたり調理をしたりする経験をするかもしれない。一方で施設では職員に任せっきりになっている部分もあり，それらを子どもが目にする機会が少ないかもしれない。また，施設での生活では鍵を開けたり閉めたりする機会がないため，一人暮らしの際に鍵に対する意識が十分でないこともあるだろう。

　近年，児童養護施設等を退所し自立生活を始めた施設出身者の中に経済的に困窮する者が出るなどの問題が発生している。18歳で社会生活を一人で営むのは現代社会において困難が大きいことが背景にあると考えられる。そのため，児童養護施設等において**自立支援担当職員**が配置され，自立に向けた取り組みやアフターケアに取り組んでいる。また18歳での退所が難しい場合には，引き続き施設による支援や，自立援助ホームの利用など，**児童自立生活援助事業**を利用することも可能である。

この事例についてさらに見てみよう。

【事例　ネグレクトを受けていたSさんと生活習慣】
　Sさんが施設に入所した理由はネグレクトである。父子家庭だったが父親が留守にすることが多かったため，親の財布からお金を抜いて食べ物を買ったりして過ごしていた。入浴や歯磨きの習慣もなく，季節感のない服装をしていることが多かった。そのため，施設入所後，担当保育士は，１日に三食とること，歯磨きをすること，夜は寝て朝起きること，毎日入浴して清潔を保つこと，気候にあった服装をすることといった基本的な生活習慣を身につけさせることを中心に取り組んだ。また，すべての歯に虫歯があったため，歯科医にも通わせた。これらの取り組みにより，Sさんは適切な生活習慣を身につけることができ，それらが自立後の生活にも役立っている。

　施設での生活は一般家庭とは大きく異なるため成長の過程で体験すべきことが子どもたちに提供されていないことがある。また，多くの子どもたちは家庭での生活を経て社会的養護における生活を始める。そのために当然家庭で体験しているべきことを経験してこない場合もある。施設での生活が家庭での生活とは異なることをふまえ，施設では**自活訓練**（在所中に一定期間，一人暮らしの体験をする）などのプログラムや，家計のやりくりなどの自立支援プログラムに参加するなどの機会を意図的に提供していく必要がある。

【事例　Sさんと自立支援プログラム】
　Sさんは施設退所前，高校３年生のときにNPO法人（特定非営利活動法人）が主催する児童養護施設や里親で暮らしている高校生向けの自立支援プログラムに１年間参加していた。そこでは，「家計のやりくり」や「奨学金の申請の仕方」，「一人暮らしの食事づくり」，「トラブルに巻き込まれないために知っておくべきこと」といった内容が月に１回提供されていた。どれも実践的で一人暮らしで役に立ちそうなものばかりだった。また，実際に施設から自立した大学進学者に実体験を話してもらう機会があり，その体験は現在の生活にとても役に立っている。
　現在Sさん自身も施設から自立する子どもたちのために，このNPO法人のプログラムに協力して，自身の体験を話したり，相談に乗ったりする役割を果たしている。また，このプログラムに一緒に参加したメンバーで当事者組織を立ち上げ，お互いに悩みを打ち明け合ったり，大学進学をめざしている施設や里親で暮らす子どもの相談に乗ったりするなどの取り組みもしている。

　事例にあるような自立支援プログラムを行う団体を施設として活用すること

も有用であると考える。施設での取り組みが基盤となるが，こうしたプログラムに参加するメリットとしては，自立において必要なスキルを適切に学ぶことができるだけでなく，他の施設や里親のもとで暮らす同年代の子どもたちと交流することができることがある。

３．家庭支援

（１）家庭に子どもを戻すためには

　社会的養護を利用している子どもたちの多くは親がいる（表９－２）。つまり親に何らかの事情があり，適切に養育できない状況が生じたことで**親子分離**が行われたと考えられる。子どもたちを家庭に戻すには，家庭環境が子どもにとって安全な場である必要がある。子どもの権利侵害を生じさせるリスクが残っている状況だと**再虐待**の可能性があるため家庭に子どもを戻すわけにはいかない。したがって家庭支援は，子どもに適切な環境での暮らしを提供するために必要な取り組みである。次の事例を見てみよう。

表９－２　委託（入所）時の保護者の状況別児童数

（人）

	総　　数	両親又は父母の どちらかあり	両親ともいない	両親とも不明
里親	6,057 100.0%	5,215 86.1%	708 11.7	106 1.8%
児童養護施設	23,043 100.0%	21,990 95.4%	767 3.3%	222 1.0%
児童心理治療施設	1,334 100.0%	1,268 95.1%	45 3.4%	13 1.0%
児童自立支援施設	1,135 100.0%	1,088 95.9%	29 2.6%	10 0.9%
乳児院	2,404 100.0%	2,382 99.1%	10 0.4%	9 0.4%
ファミリーホーム	1,713 100.0%	1,536 89.7%	107 6.2%	51 3.0%
自立援助ホーム	958 100.0%	859 89.7%	73 7.6%	22 2.3%

（出典　こども家庭庁：児童養護施設入所児童等調査の概要（令和５年２月１日現在），2024）

【事例　身体的虐待を理由に保護されたＴさん】

　Ｔさんは小学５年生である。３年前に父親からの身体的虐待が理由で児童相談所に保護され，現在は児童養護施設で暮らしている。児童相談所からの指示により，両親との直接的な交流はしていない。

　施設入所直後，Ｔさんは親に関して話すことはなく，いつもオドオドしていた。２年半前から施設内で週１回，心理療法を受けている。現在は担当保育士や心理療法担当職員との間に信頼関係が構築され，親に関する話題も気さくに話せるようになってきた。ただし虐待場面を思い出すと辛くなり涙を流すなど，まだ心の傷は癒えていない様子がうかがえた。「パパとママに会いたい。けど，怖い」といった発言をするなど，葛藤を抱える様子である。

　一方，父親は当初，しつけと称して自身の虐待行為を認めず，児童養護施設への措置を「不当だ」と主張していた。しかしその後の児童相談所との面談の中で「Ｔに悪いことをした」，「ついカッとなって」と，自身の行為を反省する発言がみられるようになってきた。また母親からも「私がＴを守ってあげられなかったから」と後悔する発言が聞かれるようになってきた。

　この事例においてＴさんは，安全な施設での生活や信頼できる職員との関係を通して，自身の被虐待体験や家庭での生活について振り返ることができている。まだ「怖い」という気持ちが強いため家庭には戻せないが，親子関係や家庭での生活について整理していくことが家庭に戻るためには必要となる。

　家庭における父親の認識にも変化がみられる。虐待の加害者である父親が自身の言動について適切でなかったと認識し始めている。母親も同様に自身の言動を振り返っている。Ｔさんが家庭に戻れるようになるには，まずは再虐待発生のリスクをなくすことである。一旦親子分離した家庭に子どもを戻すには，事例のように子どもの傷つきを癒し，親との関係性を新たに構築する必要がある。同時に家庭に対しても，親子分離のリスクをなくすことが必要となる。

（２）子どもを対象とした家庭支援

　上記の事例の続きを見てみよう。

【事例　箱庭療法にみられるＴさんの様子】

　Ｔさんは担当保育士と２人で過ごす場面において，「私が小さいときはパパもママもやさしくて，よく日曜日に近くの公園に３人で遊びに行ってたんだよ」など，家庭での楽しかった思い出を話してくれる一方で，「パパは機嫌が悪いとき

に，少しでも文句を言うと怒鳴ったり，叩いたりした」，「ママはあんたが悪いんだから謝りなさいって言ってた」など，辛かった思い出も話した。こうした話をする中で，Tさんは少しずつ過去の体験を整理している様子だった。

その頃，心理療法（箱庭療法）において，次のような物語が展開していた。自分勝手なライオンの王様が治める国の話である。その王様から意地悪をされていたものの，王様に対して小さな羊が反発するという展開がみられた。反発に際しては，「どうしたら意地悪しないで羊の言うことを聞いてくれるかな」と自問し，「魔法使いに手伝ってもらえばいいんだ」とその方法を考えた。羊には魔法使いによりライオンの攻撃を避ける魔法がかけられた。そしてライオンの身勝手さを指摘し，羊や他の国民がどれだけ嫌な思いをしているか主張した。

　Tさんが担当保育士に楽しかったこと，怖かったことを話せるようになったのは，担当保育士が自分にとって安全な存在と認識したからであろう。箱庭療法で展開されているライオンの王様と羊のテーマは，まさにTさん自身と父親，母親との関係を無意識に表したものであろう。自分を守ってくれる魔法使いは担当保育士かもしれない。ただ，羊は怒りをぶつけるものの，ライオンを攻撃することなく，自身の主張をするにとどまっている。その後の展開でライオンとの関係を適切なものにしていきたいという想いがあるのかもしれない。

　親子分離を経験した子どもが親元に帰るためには，親とどのように関係形成をし直すのかが課題となる。怯えている状況のままだと適切な親子関係にはならない。社会的養護の下で，職員や里親との関係をモデルにして，適切な親子関係とは何かを学ぶ必要がある。同時に，再虐待のリスクが減少した段階で，少しずつ親子の交流を始め，適切な関係形成を支援する必要もある。表9－3はそれぞれの施設等における家族との交流の状況である。直接会うのが危険な場合には，メールや手紙などのやり取りや電話連絡から始めるのがよいであろう。その後はリスクにより，施設内での一定時間の交流や，日帰りの外出，週末家庭で過ごす，長期休暇中に数日家庭で過ごすなど，段階を経る。その中で，適切な親子関係の形成が可能かを見極めていくことが必要である。

（3）親を対象とした家庭支援

　子どもに比べて親への支援は困難なことが多い。事例の続きを見てみよう

表9－3　家族との交流関係別児童数

	総　　数	交流あり			交流なし
		電話・メール・手紙	面　　会	一時帰宅	
里親	6,057 100.0%	351 5.8%	1,447 23.9%	346 5.7%	3,870 63.9%
児童養護施設	23,043 100.0%	2,537 11.0%	8,159 35.4%	6,499 28.2%	5,740 24.9%
児童心理治療施設	1,334 100.0%	120 9.0%	502 37.6%	423 31.7%	283 21.2%
児童自立支援施設	1,135 100.0%	67 5.9%	457 40.3%	422 37.2%	183 16.1%
乳児院	2,404 100.0%	155 6.4%	1,430 59.5%	188 7.8%	625 26.0%
ファミリーホーム	1,713 100.0%	129 7.5%	610 35.6%	239 14.0%	723 42.2%
自立援助ホーム	958 100.0%	194 20.3%	167 17.4%	121 12.6%	472 49.3%

注）「交流あり」の構成割合は，総数に対する割合である。
（出典　こども家庭庁：児童養護施設入所児童等調査の概要（令和5年2月1日現在），2024）

【事例　Tさんの両親へのアプローチ】
　Tさんの父親は家電メーカーに勤める会社員で，Tさんが小学校低学年の頃には営業担当だったこともあり，出張が多く，家を留守にしがちであった。Tさんのことを大切に思っており，出張帰りにTさんの顔を見るのが楽しみだった。一方，Tさんは普段家にいない父親に対してどのように接したらよいかわからず，素直に甘えることができなかった。父親とTさんのこうしたすれ違いはだんだんと大きくなり，父親の言うことを聞かないTさんに対して，父親は仕事のストレスやしつけをしなければいけないという使命感から暴力を振るうようになった。母親は普段父親不在の中，一人で子育てをすることのストレスで疲弊していた。そのため父親の暴力に対して抗うことができないでいた。
　しかし元々はTさんのことを大切に思っていた両親なので，親子分離による児童相談所に対する怒りは，徐々にTさんがいない寂しさに変わってきた。児童相談所の児童福祉司や児童心理司との面接を通して，両親ともに自身の行為について振り返ることができた。現在では，Tさんとの生活を再開するためにどのようなことに取り組んだらよいのか，児童福祉司と話をしている。

　さまざまな事情により虐待などの不適切な行為が子どもに対して行われるが，多くの親は子どもを大切に思っている。社会的養護における支援対象は，子どもだけではない。親への支援も必要であり，子どもに適切な養育環境を提供するためにそれは不可欠である。児童養護施設などの施設は児童相談所や他機関と協働して家庭支援を行う必要がある。

■参考文献

・日本児童養護実践学会監修：Q&A 社会的養育の実践　困難を抱える子ども・子育て家庭の支援，ぎょうせい，2023
・藤岡孝志：支援者支援養育論　子育て支援臨床の再構築，ミネルヴァ書房，2020

第10章 社会的養護における支援計画

●● アウトライン ●●

1. 計画立案の意義

要点

◎子どもの社会的養護における計画や記録をめぐる状況は，『児童の権利に関する条約』批准以降に大きく変わり，現在では法的に位置づけられている。

◎困難を抱える子どもの背景を理解し，丁寧なアセスメントに基づいた計画立案は「子どもの権利擁護」をめざす上で重要なことである。

キーワード

児童の権利に関する条約　児童自立支援計画

2. 計画立案のための情報収集とアセスメント

要点

◎計画立案の土台となる情報収集を行う際には，ストレングス（強み）も含めた子どもの多面的な理解に基づき，アセスメント（見立て）を行う。

キーワード

情報収集　アセスメント　ストレングス

3. 計画立案の方法

要点

◎計画立案は「子どもの最善の利益」をめざし，多様な専門職の見立てを盛り込むことと，日々の記録の蓄積が求められる。

キーワード

プランニング　再アセスメント　エンパワメント　長期目標　短期目標

4. 支援の見直し

要点

◎計画立案は丁寧に行いつつも，子どもの成長や状況の変化によって，常に変更が生じ得るものという心構えをもっておく必要がある。

キーワード

計画内容の見直し　モニタリング

1．計画立案の意義

（1）児童自立支援計画策定が義務づけられた経緯

　少子化の進行や夫婦共働き家庭の一般化等，子どもおよび家庭を取り巻く環境の変化をふまえ，1997（平成 9 ）年に『児童福祉法』の改正が行われた。これにより，「自立の支援」と「権利擁護」が明記されることとなった。

　それ以前の施設養護は，『児童福祉施設最低基準』（現『児童福祉施設の設備及び運営に関する基準』）として，「児童を保護し養育する」ことや，「自主性の尊重」，「基本的生活習慣の確立」，「社会性の養成」が求められていた。これにより，子どもに基本的な生活習慣を身につけさせようと，規則（ルール）を守らせる関わりがみられるようになった。また，社会性の養成に向けて非行等の問題を起こさないための罰則強化がなされてきた。全体としての養育方針や個別養育方針をもたない施設も存在し，それらの施設では施設長の考えが方針とされてきたことが考えられる。これらの背景もあり，社会的養護の実践現場における記録は，個々の職員が見聞きした子ども一人ひとりの言動や，職員が見立てたアセスメントが活かされない状況が発生し，生活の記録（ケース記録）は「問題行動の記録」や「職員の指導記録」になる傾向が続いてきた。

　一方で，困難（ニーズ）を抱えた子どもが入所してくる中で，子どもの背景を理解し，現状を科学的に把握して見立て，将来を見通してその子どもに必要な関わりや援助を行うことが不可欠となってきた。さらに，1994（平成 6 ）年の『児童の権利に関する条約』批准以降，施設内の体罰事件が発覚したことも影響し，全国的に変化が生じてきた。例えば北海道では「養護施設ケア基準」，大阪府では「子どもの権利ノート」が設けられる等，全国的に同水準の養護を保障する動きが強まると同時に，「子どもの問題がない施設＝よい指導をする施設」という考え方が見直される契機となった。そして1998（平成10）年には，『児童福祉施設最低基準』（現『児童福祉施設の設備及び運営に関する基準』）に自立支援計画の策定が明記され，2003（平成15）年までにすべての施設で策定することとなり，共通の枠組みや方針の中で，記録を作成し，児童自立支援計画の策定につなげていくことが求められるようになった。

　「自立する子どもを育てる」として全国的に統一した児童自立支援計画の策定が求められるようになったが，自立支援には家族との調整も含まれるため，児童相談所のみが担ってきた役割を，施設も担うこととなった。2003（平成15）年には，地域の子育て支援・子育て相談に応じる役割も施設に追加され，子どもの一人ひとりのアセスメントはもちろんのこと，子どもの家族や，地域をも対象としたミクロレベルからマクロレベルまでを射程としたアセスメントが求められるようになった。2004（平成16）年の『児童福祉法』改正では，「退所後の相談援助」の文言が加えられ，退所後の支援までをも含めた自立支援計画の策定が求められるようになった。これらの経過から，「施設在籍中の養育」から「将来を見通した養育」をめざす児童自立支援計画の策定が期待されることとなった。そして，2017（平成29）年に施行された『児童福祉法』第1条では，新たに自立についても明記されることになり，困難（ニーズ）を抱える子どもの養育支援における自立への支援はより重要なものと位置づけられた。

（2）児童自立支援計画立案の留意点

　児童自立支援計画を立案する際の留意点として，第1に，全国どこの施設に入所しても，同様の適切な環境のもとに育てられることの保障が求められる。計画立案は会議の場で複数の専門職で確認を行い，見直しを実施すること等により，特定の職員による偏った見立てに基づくことを防止し，専門職集団で作成し実施していく計画をめざすのである。

　第2に，子ども一人ひとりを尊重して子どもの意見を取り入れることが求められる。これにより，子どもと養育者がともに成長を喜び合うことの大切さを実践し，子どもの最善の利益をめざすことを意図している。

　第3に，施設を利用する子どもの親にも着目することが求められる。親がもっている考えを取り込み，可能であれば積極的に親が果たす役割を次第に増やしていくことによって，「親との共同育て」を意図する性質ももっている。

　実践場面において，児童自立支援計画を土台とした専門職の日々の子どもとの関わりは，根拠をもった小さな計画実施の積み重ねといえる。この日々の計画立案と児童自立支援計画の策定の両方にとって，子ども本人とその子どもを

取り囲む環境の情報をふまえたアセスメントの内容が重要となる。

2．計画立案のための情報収集とアセスメント

（1）アセスメントのための情報収集

　困難（ニーズ）を抱えている子どもの養育支援において，児童相談所からの情報も把握しつつ子どもとの出会いに臨み，積極的な情報収集を行っていくこととなる。子どもとその子どもを取り囲む環境に関する情報をふまえて，**アセスメント**（事前評価）を行い「どのような支援や養育がこの子に必要か」という見立てをする。この見立てをふまえて**プランニング**（児童自立支援計画策定や日々の計画立案）を行い，具体的な支援方法や養育方法についての計画を立て，実施して後，**モニタリング**（事後評価）にて計画の実施状況や達成具合を確認し，必要に応じて再アセスメントも実施し，子ども一人ひとりに合った支援や養育を繰り返し検討して実施していくこととなる（図10－1）。

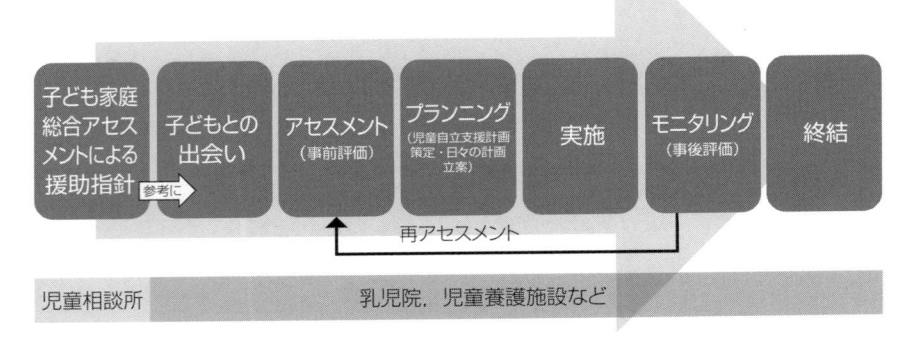

図 10 － 1　養育支援プロセス
（資料　厚生労働省：児童自立支援施設運営ハンドブック，2014，p. 120を参考に筆者作成）

（2）アセスメントのプロセス

　図10－1にように，計画立案や児童自立支援計画の策定はあくまでも養育支援プロセスの一つであり，いずれもその土台となるアセスメントが非常に重要

といえる。困難を抱えた子どもの養育支援においてアセスメントが最初に行われるのは，児童相談所における子ども家庭総合アセスメントであり，行動診断や医学診断，心理診断，社会診断等，多面的な情報収集が行われる。

　具体的には，子どもの様子や家族の様子，家族のストレングスや子どもを取り囲む環境・ネットワークについて総合的に情報収集がなされ，援助方針会議において援助方針（援助指針）が示される。この児童相談所が示した援助方針を参考にしつつ，養育支援実践現場となる児童養護施設，乳児院といった児童福祉施設の職員は，子どもと出会うこととなる。

　子どもとの出会いの場に立ち会う施設職員は，児童相談所の子ども家庭総合アセスメントの内容をふまえつつ，子ども本人や家族の意見を丁寧に聞くようにする。その際，児童相談所からの情報と同じ内容，異なる内容，新しく得た情報等を**バーバルコミュニケーション**（言語コミュニケーション）と**ノンバーバルコミュニケーション**（非言語コミュニケーション）の両方に着目しながら丁寧に収集し，子どもの多面的な理解に努める。特にアセスメントをする上で，子どもの言動から見られる特性（強み・弱み）への着目が重要となる。

　子どもの強み（**ストレングス**）とは具体的には，子どもができること，得意なこと，長所を指し，子ども本人や周囲が笑顔になれること，子どもがもつ優しい側面等をあげていく。子どもの弱みとしては，健康上のもの（アレルギー・虚弱等）や発達の課題，苦手なこと，短所を指し，子どもの学習の課題や逸脱行動，友達関係がうまくつくれない・乱暴さ等をあげていく。また，その他特記事項として，障がいに関するものや既往歴等があればあげていく。これらの子どもの特性は，複数の職員体制によって多面的な視点から見つけ出されることが有効と考えられる。そして，記録に残して職員間で共有したり，ケース会議等の資料に活用することを意図した日々の記録方法が求められ，それらの記録の蓄積を児童自立支援計画にも反映していく必要がある。

　また，子どもにとっての最大の関心ごとの一つは，親との関係である。長期的方針においては，「親との再統合の可否」や「子どもをどのように育てていくのか」を主として検討していくこととなるため，見通しを得るためのアセスメントが不可欠となる。本来の家庭との再統合をめざす場合は，親子関係の調整に加えて親育て・子育ての計画と，子どもが家庭復帰した後に必要となる力

やネットワークを育てる計画を盛り込んだ，家庭復帰のスケジュール化が求められる。また，新しい家庭との再統合をめざす場合は，子どもの発達状況と里親家庭の養育環境のマッチング確認や，新しい家庭との再統合が子どもの最善の利益を第一次的に考慮したものかを検証することを盛り込んだスケジュール化が求められる。そして，未来において家庭との再統合をめざす場合は，長期の施設生活を前提として，子どもの愛着形成や自立を支えるものに焦点を当て，将来につながるさまざまな体験を用意し応援する養育が求められる。

【演習】ストレングスに着目するワーク：自分の持ち味を見てみよう。
　①　自分の名前を記入する。
　②　自分の「よいところ」と「心配なところ」を可能な限り埋めてみる。
　③　埋めきらない場合は，他者から意見をもらって埋めてみる。
　④　心配なところはよいところにもとらえられないかを考えて埋めてみる。
　　　例）「ネガティブ」→「マイナス面について考える力があり，リスクマネジメントができる」

名前 _____

よいところ	心配なところ

３．計画立案の方法

（１）計画立案のポイント

　児童自立支援計画は，子どもの基本的な養育方針であり，退所後までを見通したものである。このため，どこの施設に入所しても「子どもの最善の利益」を考慮したものとして作成されなければならず，多様な専門職によるその子どものアセスメントが重要となってくる。そして，日々の子どもとの関わりに関する計画立案（**プランニング**）もまた，その子どもと関わる頻度の多い職員を中心として，多様な専門職によって見立てられた内容が求められる。

　アセスメントに基づいた児童自立支援計画の養育方針には，期間ごとの目標を設定する。その際，「子どもの可能性への期待」を念頭に置き，実施可能で現実的な計画とするために，以下のポイントを押さえる必要がある。

① 現状で抱えている困難（ニーズ）を明確にする。
　・子どもの特性と照らし合わせつつ，困難（ニーズ）の大きさや克服できる見通しを検討する。
② 子どもの自立に向けての重点は何かを明確にする。
　・最も大事にしたい子どものストレングス
　・克服すべき最も重要な困難（ニーズ）
③ 現状から自立に向けての実現可能な期待（自立の見通し）を明確にする。
　・子どもの成長と期待（自立の見通し）について，子どものストレングスや可能性をふまえて確認する。
④ 計画の実施者を明確にする。
　・具体的な取り組み内容と時期を計画段階で確認しておく。
　・計画を立てただけにせず，計画の見直しや評価・総括につなげる。
⑤ 見直し（再アセスメント）の必要性有無を見極める。
　・児童自立支援計画の内容に沿った支援の効果をモニタリングし，適宜見直しをする。

　②であげた「子どもの自立に向けて最も重要なこと」は，複数の職員体制（チーム）で子どもの養護を行う上での共通の目的となるため，複数の職員で

検討することも有効である。そして，自立支援計画の作成と見直しについても複数の職員が関わることで，自立支援計画の作成が個人に委ねられるのではなく施設全体で吟味することにもなる。さらには，個々の職員の計画作成力が育っていくことから，施設全体の職員の資質レベルの向上にもつながる。

（2）計画書記入にあたっての留意点

　子どもの自立支援をめざす計画は，施設内の子どもの暮らしのみに焦点を当てるのではなく，家族関係の再構築や家庭環境の調整等，子どもの未来の社会生活をも視野に入れた計画が求められる。このため，子どもの自立支援には，子ども自身の意向や考え方に加え，親や保護者・関係者の意見も取り入れていく。特に，子どもの権利擁護の観点から，子どもの主観的ニーズと客観的ニーズを丁寧に盛り込むことが求められるが，子どもの年齢や特性によっては言語化が難しく情報収集しづらい場合も考えられる。この場合でも，子どもが発するわずかな言葉やサインも見逃さないように努めるとともに，他の施設職員とも連携して小さな情報も細かく共有できる組織体制づくりや，これまでの子どもの関係者から得られたわずかな情報も聞き漏らさないようにする姿勢が大切といえる。それらの情報をふまえつつ，作成していく児童自立支援計画の様式記入例を表10－1に示す。

　そして，児童自立支援計画策定の大きな土台となる子どもの日々の記録作成は，重要業務といえる。記録については以下の点に留意しつつ作成する。

1）誰が読んでもわかるように書く

　5W1H（いつ，どこで，だれが，なにを，なぜ，どのように）を明確にし，子どもの様子がよくわかるように書く。特に，「どのように」がわかると，引継ぎを受けた施設職員にとっても，子どもに発生した出来事をイメージしやすくなる。また，子どもやその場にいた者の発言等をそのまま書くことも，状況をわかりやすく伝達することにつながる。

2）事実と所感を区別する

　事実として見聞きした内容と，記録者自身の所感を明確に区別し，読み取れるように書く。事実と，記録者の推測や考察を混在させて書いてしまうと，伝達事項の齟齬が発生し，子どもとの信頼関係構築や職員間の連携に悪影響を及

ぼすことが考えられる。このため，客観的事実と主観的事実と考察部分を明確に分けて書く必要がある。

3）職員の言動の意図とその結果を記入する

「子どもに何を伝えたいと思ったのか」という職員の意図もしくは目的と，「伝えてみてどうであったか」という結果も記入する。職員が発した言動のみではなくその意図や目的も添えることにより，一人の子どもを養育するための方針や目標に，職員間で齟齬が生じていないかという確認ができる。

また，その言動が子どもにどのように伝わったかについても記載することで，職員自身のコミュニケーション内容の振り返りにもつながる。

4）子どもにとって大切なことを見つけたら記入する

日々，子どもを観察しアセスメントをする中で，子どもの最大の関心ごとや，ストレングス，弱みなどの特性を観察し，その変化を記録する。子どもの変化に気づくことは一人の職員では限界があるため，日々職員間の情報共有を気軽に行えるようにする組織づくりも大切にし，児童自立支援計画の方針において大事にしたことを，関係職員が把握できる仕組みづくりが求められる。

5）子どもが新しくできるようになったことを記入する

子どもにとって「できるようになった」という感覚はとてもうれしいものであり，それを養育者が一緒に喜ぶことにより，子どもと養育者の信頼関係構築にもつながる。「できた感覚」「うれしい感覚」の共有は，子どものエンパワメントにもつながる可能性があるため，子どもが新たな技術や能力を身につけた場合は，どんなに小さなことであっても成長の記録として残すようにし，ともに喜んだ状況を具体的に記入する。

また，児童自立支援計画の長期目標項目では，目標に沿った取り組みを評価し，長期間の中で解決できる見通しを立てた上で，次年度に向けての目標（将来にわたる関心ごと）を確認し，それに向けての取り組みを具体的に計画する。例えば表10－1の様式の場合は，短期・長期の2項目に分けていることから，およそ6か月から1年で達成可能な長期目標（家庭復帰等）と，概ね3か月で達成可能な短期目標を立ててみる。その際，いずれの目標も実現でき，かつ，子どもや保育者が自分で振り返りを行える内容となるよう留意する。

表10-1　児童自立支援計画様式記入例

ふりがな	×××× ××	性別	記入日	□□／□／□
児童氏名	●● ●●	男	施設名	▲▲育成園
			記入者氏名	担当保育士　○○
生年月日	□□／□／□	児童相談所名	△△児童相談所	
学年など	学校名（ S市立第2小学校 ） 学年（5年）	担当児童福祉司名	○○　○○	
入所年月日	□□／□／□			
主 た る 入所理由	母親と妹の3人暮らしであったが，母親の持病悪化に伴い入院を要することとなり，親類等頼れる者がおらず，妹とともに施設入所となる。			

基本情報	
身長・体重	136cm・33kg
IQ	判定値　　　　判定機関　　　　　　判定年月日
療育手帳	無　　（交付年月日　　　　　　　　　　　　　）
障害手帳	無　　（交付年月日　　　　　　　　　　　　　）
既往歴	特になし
その他特記事項	

児童本人の意向	
【家族関係について】	母親・妹との関係は良好であり，兄として妹のことをきちんと支えることにより母親の力になりたいと思っている様子。
【進路等について】	「同じクラスの友達と同じ中学校に行きたいな」との発言があった。
【生活について】	母親が退院でき次第，また家族3人の生活に戻ることを望んでいる。
【その他】	好きな算数に取り組んでいるときは，そばで職員に見ていてもらいたいと希望することがある。

保護者の意向	
一日も早く入院を終えて元の生活に戻りたいが，持病が完治することは難しいため，家族3人での今後の生活にも不安を抱いている。	保護者氏名・続柄　■■ ■■・実母

関係者の意見	
親族	母方祖父母は他界し，母に兄弟はいない。実父が失踪して以降，父方祖父母や親類とは疎遠となり，遠方であることからも支援を受けることは難しい。
保護者職場	母の勤務先は，母の病気には一定の理解を示し，現時点では配慮してくれている模様。
市役所等	SSWより民生委員への相談があり，把握していた。
保育所・学校	母や妹を心配する話題を複数回耳にした担任がSSWにつなげてきた。
その他	
医療的ケアの必要性	身体面での医療的ケアは現時点では不要と思われる。
特記事項	

					見直し１回目	見直し２回目
児童相談所の連携内容		母親の病状が落ち着くまでには時間を要する見込みである。母親が退院した後から退所に向けた面会・外泊を定期的に行い家族再統合をめざすが，それまでは入所支援を行っていく。				
自立支援方針		母親には治療に専念してもらい，施設からは定期的な電話連絡・お便り等で家族関係の橋渡しを行っていく。本人には，妹を支えようとする姿勢を労いつつ，本人自身の頑張りや希望，要望を言いやすい環境づくりを行い，自分自身の将来に向けての興味・関心を大切にするよう支援していく。				
子ども本人	長期目標	家族再統合				
	短期目標	目標	母親を心配する気持ちが抱えきれなくならないよう，少しでも不安を緩和できる環境づくりをめざす。		これまでの目標に加え，兄としてだけではなく「本人としての気持ち」も大切にしてもらう。	
		方法	母親に関する語りは特に丁寧に耳を傾けるようにする。また必要に応じて，心理職より関わり方の助言を受ける。		「自分自身はどうしたいか」という語りには，特に受容的に話を聞くようにする。	
保護者（家族・親族等）	長期目標	家庭での引き取りをめざす				
	短期目標	目標	母親が子どもたちの様子を定期的に把握できるようにする。			
		方法	ファミリーソーシャルワーカーより，適宜母親に連絡をする。			
地域	長期目標	（母親の病状が落ち着き次第，母親と共に検討していく）				
	短期目標	目標				
		方法				

SSW：スクールソーシャルワーカー

4．支援の見直し

　計画立案後や計画実施中等，養育支援が進んでいく中で子どもの状態や状況に変化が生じる場合がある。これにより，当初の計画とは異なる方向に進むことや，根幹となるアセスメントの内容に変化が生じること等が要因となり，計画内容の見直しが必要となる場合もある。見直しの必要性を見極めるためにも，計画が適正に実施されているかについて把握しながら養育支援を行い，目標達成状況等から評価し，設定している課題や目標，養育支援方法の妥当性について吟味する評価（**モニタリング**）が求められる。

　これらを行う中で，子どもの問題行動や短所への着目にとどまることのないよう留意し，子ども本人がもつストレングスや，子どもを取り囲む環境に存在する社会資源を活かせるものを計画し，子どもの達成感や成長を支援するものに主眼を置くことが重要といえる。さらには，子どもが抱える困難（ニーズ）を子ども自身が訴えている主観的ニーズと，心身状況や家族状況等から見える客観的ニーズに整理してみることも有効と考える。その結果をふまえて，各ニーズへの対応やでき得る具体的な関わり方，そして，つなぐことが可能な社会資源と結びつけることの見通しを立ててみる。その際，子どもの自立に向けての重点や子どもの最大の関心ごと等を念頭に置くことが求められる。また，子どもの成長を一緒に確認する作業を通して，ともに喜ぶ機会をもつようにすることも大切といえる。

　よって計画作成者は，計画を丁寧に立案しつつも，常に計画内容には変更が生じ得るものという心構えをもって養育支援に臨む必要がある。

■参考文献
・厚生労働省：児童自立支援施設運営ハンドブック，2014
・厚生労働省：子ども・若者ケアプラン（自立支援計画）ガイドライン，2018
・吉田幸恵：社会的養護の歴史的変遷，ミネルヴァ書房，2018
・白澤政和・尾崎新・芝野松次郎編著：社会福祉援助方法，有斐閣，1999

第11章

虐待問題と子どもの養護

●● アウトライン ●●

1．増え続ける児童虐待

要　点

◎児童虐待件数は統計開始以来，毎年増え続けている。社会や家庭環境の変化だけでなく，通告の義務化，定義の変化なども増加の要因として考えられる。

◎『児童虐待の防止等に関する法律』は，制定以降，児童虐待の現状に対応するために幾度もの改正が行われている。

◎児童虐待の発生要因は，養育者の問題，社会・経済的な環境の問題，子ども自身が抱える問題など多様であり，また重なっていることも考えられる。

キーワード

児童虐待の防止等に関する法律　身体的虐待　性的虐待　ネグレクト
心理的虐待　面前DV　要保護児童対策地域協議会

2．児童虐待と家庭・施設の実態と支援

要　点

◎児童虐待に適切に対応するためには虐待を受けた子どもへの理解や対応方法についての知識が求められ，具体的なケースから学びを得る必要がある。

キーワード

試し行動　性化行動

3．虐待された子どもへの対応

要　点

◎虐待を受けた子どもへの直接的な対応として，子どものトラウマへのケア，治療的養育についての知識・技術をもつことが基本となる。

◎退所・家庭復帰などを見通し児童相談所，児童家庭支援センターなどによる連携した対応，ペアレントトレーニングによる親への支援なども必要となる。

キーワード

トラウマインフォームドケア　児童家庭支援センター　ペアレントトレーニング

1——増え続ける児童虐待

虐待は，児童虐待，障がい者虐待，高齢者虐待，ドメスティックバイオレンスなどいろいろな関係性の中で起きている。その中でも**児童虐待**は，子どもという人間形成における重要な時期に自分を保護してくれる大人から虐待されるものであり，その経験は後の成長に大きな影響を及ぼす。

また，児童虐待は子どもの成長を損なうだけでなく，社会的コストとしても甚大であり，児童虐待に関わる支援のために年間1兆6,000億円も要するという試算もある。よその家の問題として放置するのではなく，社会問題として児童虐待をとらえ直すことが求められる。

本章では，児童虐待の問題と対応方法，その実態について理解していく。

（1）児童虐待相談対応件数と実態

『**児童虐待の防止等に関する法律**』（以下，児童虐待防止法）が2000（平成12）年に制定されて以降，児童相談所への児童虐待相談対応件数は毎年右肩上がりで増加している（図11-1）。これは，単に児童虐待の件数が増えたということだけではなく，子どもに関わる専門職に通告義務が課せられたことや，通告者が虐待かどうかを判断する必要がなく，虐待が疑われた時点で通告する仕組みになったことも影響していると考えられる。そのため，以前はためらって通告されなかった件数が相当数あり，それが法律制定以降顕在化しただけで，児童虐待の件数が増えたわけではないという見方もある。どちらにしろ，虐待される子どもたちへの支援がいち早くできるように社会が変化してきたとも考えられる。

近年では，親自身が自分のしていることが虐待かもしれないと認める件数も増えており，親の養育能力の問題や，核家族化などにより孤立した状況での育児等，子育てに悩む親が増えている。

また，結婚した3組のうち1組は離婚しているという統計もあり，**ひとり親家庭**や**ステップファミリー**（再婚や事実婚により，血縁のない親子関係や兄弟姉妹関係を含む家族形態）の増加などにみられるような，家庭環境の変化や家

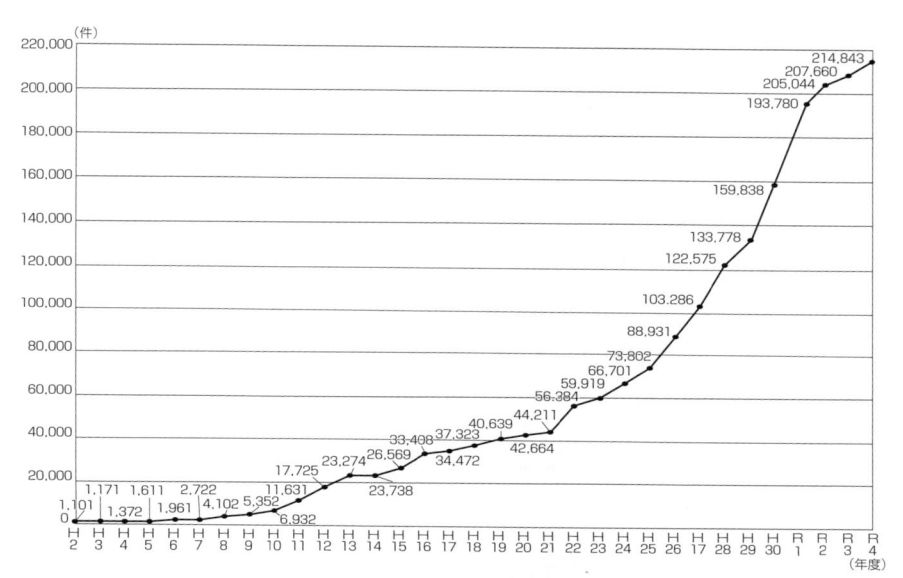

図11－1　児童虐待相談対応件数
（資料　こども家庭庁：令和4年度児童相談所における児童虐待相談対応件数，2024）

族間関係の複雑化などといった社会背景も，児童虐待の相談件数に影響しているとも考えられる。

　図11－2は，虐待の種類別の割合を表したものである。以前は身体的虐待の通告件数が多かったのが，2013（平成25）年度以降では，心理的虐待の件数が最も多くなっており，子どもの目の前で行われるDV（**面前DV**）も子どもにとっては心理的虐待となることが定義されたことによる影響と考えられる。実際に，面前DVが子どもに及ぼす悪影響については，知的能力，記憶力，学業成績が低下するなどの報告がある。子どもが育つ環境における暴力の問題は，たとえ直接暴力を振るわれていなくとも，悪影響があることを認識しておく必要がある。

　このように，以前は児童虐待として認識されなかった面前DVが心理的虐待であると定義されたことや，虐待かしつけかという線引きが変化してきていることも児童虐待相談対応件数の増加へ影響していると考えられる。

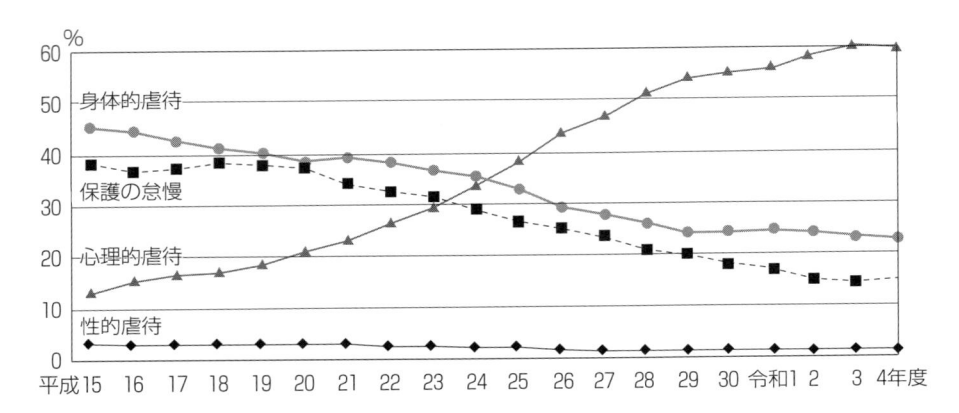

注：平成22年度は東日本大震災の影響により，福島県を除いて集計した数値である。

図11－2：児童相談所での虐待相談の内容別割合の推移
（資料　こども家庭庁：令和4年度児童相談所における児童虐待相談対応件数，2024）

（2）児童虐待の防止等に関する法律

　『**児童虐待の防止等に関する法律**』は，制定されて以降，たびたび改正が行われてきた。それは，児童虐待の現状に対して法律が追いついていない状況をいち早く対応させ，有効な支援を展開するためである。制定時の同法では，法律として初めて児童虐待の定義（身体的虐待，性的虐待，ネグレクト，心理的虐待）が示され，通告義務等が定められた。

　2004（平成16）年の改正では，児童虐待の定義の見直しが行われ，同居人による虐待を放置すること等も対象とし，これはネグレクトに当たると定められた。また，通告義務の範囲の拡大も行われ，虐待を受けたと思われる場合も対象となった。さらに，市町村の役割が明確化され，虐待通告先に市町村も追加され，児童虐待防止ネットワークとして機能する「要保護児童対策地域協議会」の法定化が行われた。

　2007（平成19）年の改正は，『児童福祉法』の改正とともに行われ，児童の安全確認等のための立入調査等の強化，保護者に対する面会・通信等の制限の強化，保護者に対する指導に従わない場合の措置の明確化等が定められた。

　2016（平成28）年には『児童福祉法』とともに改正され，母子健康包括支援

児童虐待の防止等に関する法律

第2条 この法律において，「児童虐待」とは，保護者（親権を行う者，未成年後見人その他の者で，児童を現に監護するものをいう。以下同じ。）がその監護する児童（18歳に満たない者をいう。以下同じ。）について行う次に掲げる行為をいう。

一　児童の身体に外傷が生じ，又は生じるおそれのある暴行を加えること。

二　児童にわいせつな行為をすること又は児童をしてわいせつな行為をさせること。

三　児童の心身の正常な発達を妨げるような著しい減食又は長時間の放置，保護者以外の同居人による前二号又は次号に掲げる行為と同様の行為の放置その他の保護者としての監護を著しく怠ること。

四　児童に対する著しい暴言又は著しく拒絶的な対応，児童が同居する家庭における配偶者に対する暴力（配偶者（婚姻の届出をしていないが，事実上婚姻関係と同様の事情にある者を含む。）の身体に対する不法な攻撃であって生命又は身体に危害を及ぼすもの及びこれに準ずる心身に有害な影響を及ぼす言動をいう。）その他の児童に著しい心理的外傷を与える言動を行うこと。

児童虐待の定義

身体的虐待：殴る，蹴る，叩く，投げ落とす，激しく揺さぶる，やけどを負わせる，溺れさせる，首を絞める，縄などにより一室に拘束する　など

性 的 虐 待：こどもへの性的行為，性的行為を見せる，性器を触る又は触らせる，ポルノグラフィの被写体にする　など

ネグレクト：家に閉じ込める，食事を与えない，ひどく不潔にする，自動車の中に放置する，重い病気になっても病院に連れて行かない　など

心理的虐待：言葉による脅し，無視，きょうだい間での差別的扱い，こどもの目の前で家族に対して暴力をふるう（ドメスティックバイオレンス：DV），きょうだいに虐待行為を行う　など

（出典　こども家庭庁 HP：児童虐待の定義）

センター（子育て世代包括支援センター）の全国展開，市町村および児童相談所の体制の強化，里親委託の推進等が定められた。

2019（令和元）年にも『児童福祉法』等とともに改正され，児童のしつけに際して体罰を加えてはならないこと，児童相談所の設置促進，児童相談所の体制強化として職員配置の増強や弁護士の常時配置などが定められた。

このように，児童虐待への対応を法律で定めることで，児童虐待の被害に遭った子どもへの迅速な対応や支援体制を強化することにつながっている。

しかし，虐待相談件数は年々増え続け，都市部の児童相談所の職員一人あたりの担当ケース数が100人を超えるなど，業務量が増大し，そのため児童相談所職員のメンタルヘルスの問題も深刻である。

（3）児童虐待の発生要因

　児童虐待はさまざまな要因が重なって起きており，発生要因を論じることは難しい。しかし，発生要因に関する知識を子どもにかかわる専門職をはじめとして，より多くの人がもつことで児童虐待の早期発見，早期介入につながる。

1）虐待する養育者の問題

　親の養育歴の問題として親自身が虐待されて育てられてきた過去があることも多い。親自身が育てられてきたやり方で子どもを育てようとし，虐待につながる**虐待の連鎖**が問題となっている。その一方で虐待されて育ってきた子どもではあるが，レジリエンシー（レジリエンス）と呼ばれる心の回復力を示す子どももおり，児童虐待が必ず連鎖するわけではない。また，親自身が精神疾患を抱えているため，十分に適切なケアを子どもに提供できないこともある。

2）虐待する養育者の置かれた家庭内外の環境

　経済的困窮や家庭内の不和など，虐待する養育者にとってもストレスフルな状況であることが多い。虐待する養育者自身も，パートナーからの暴力にさらされていたり，家族の介護など，過重な負担からくるストレスをより力の弱い子どもに対して虐待という形で表現されていることもある。

3）社会的孤立

　夫婦共働きの世帯は増えてきているが，女性が産休・育休制度などを活用し，子どもが小さいうちは休職して専業主婦となる子育ても行われている。そのため，母子でともに過ごす時間が増える一方で子育ての負担感も大きく，保育所を利用している女性よりも専業主婦の女性の方が子育てのストレスを大きく感じているという報告もある。子育ての相談ができる場の充実や，働いていなくても子どもを一時的に預けられる施設や制度の充実が求められる。

4）子どもが抱える問題

　子どもが，知的障がいや発達障がいを抱えており，そのために育てにくく感じたり，子どもの欲求を理解することが難しく，親が適切に養育することが難しいこともある。発達相談や支援の制度はあるが，親がそこに結びつくまでに時間がかかることもある。乳児家庭全戸訪問事業や１歳６か月児健康診査などの際に支援に結びつけることも重要である。

2──児童虐待と家庭・施設の実態と支援

　児童虐待に対応する社会的養護の仕組みや制度の理解だけでなく，どのような経過で虐待された子どもたちが支援を受けているのか，事例を通して考え，自身の考えや感情について振り返ることで，実際に児童虐待のケースに遭遇したときに適切な対応へとつながるだろう。

　次に示すのは，筆者の経験した事例をふまえた架空の事例である。「（1）施設入所前の家庭状況」と，「（2）施設入所後の虐待された子どもの様子」の2段階に分け，虐待の種別ごとに事例を提示してあるが，実際には複数の児童虐待をされている子どもたちも多いという視点も欠いてはならない。

　これらの事例では，すべて施設へ入所するパターンを取り上げたが，里親家庭に措置される子どもも少数とはいえ存在する。今後は里親家庭を増やす方針を国は打ち出してはいるが，現状は，施設入所の割合が多い。

（1）施設入所前の家庭状況

事例1－1：身体的虐待

　義父，母，姉，A（女児9歳），妹の5人暮らし。朝食を作るのがAの役割であったが，ある日起きられず朝食を作れなかったことで義父より暴力を受け，足の骨を骨折し入院となる。Aが家に帰ることを拒み，病院からの虐待通告で，児童相談所で保護することになる。一時保護所に入所し，1か月ほど過ごす。その間，親の面会はなく，児童養護施設へ入所となる。

事例2－1：ネグレクト

　母，B（男児4歳），妹の3人で生活し，母は，時折2，3日家に帰らないこともあった。Bが時々夜中に外を一人で歩いていることを周囲の住人から話を聞いた民生・児童委員が家を訪ねてきて，家の中に入ると掃除は全くされておらずゴミ屋敷となっていた。妹のオムツは何日も換えられていなかったようで，悪臭が漂っていた。児童相談所へ通告を行い，保護される。
　母は子どもを返すように児童相談所へ押しかけ，職員の話を聞かず，ただ返せの一点張りで，面談の約束をしても守られなかった。養育環境の改善を児童相談所職員が伝えるが，訪問するとゴミ屋敷のままで，子どもの養育に適切な環境とは考えられないため，児童養護施設入所となる。

事例3−1：心理的虐待

　C（女児13歳）は，小学校までは休みがちではあったが，登校できていた。中学へあがってからは，ほとんど登校せず，不登校となる。担任が家庭訪問すると雨戸は閉めきったままで真っ暗な中で生活している。母は精神疾患のため自殺未遂を何回か繰り返していた。

　Cが保護されるきっかけとなったのは，C自身が母の睡眠薬を大量服薬したことにより，病院へ緊急搬送されたことである。母より繰り返し「あんたなんか産まなきゃよかった」と言われ続けてきたこと，SNSでつながっていた友人からもう連絡しないでと言われ，それからネットいじめが始まったことなどを児童福祉司に話す。

　母子家庭で母が精神科病院へ入院したこともあり，児童心理治療施設入所となる。

事例4−1：性的虐待

　D（男児6歳）は，母の水商売の仕事の関係で職場を変えるたびに引越しをするような生活の中で育ってきた。そのたびに同居する男が変わるような生活であった。あるとき，Dが言うことを聞かないという理由で，同居する男にしつけだと何十発も殴られ，大声で泣いていたことから，隣家から児童相談所へ虐待通告がなされ，保護されて一時保護所に入所する。児童相談所の職員が家での生活を聞き取って行くと，ふざけてなのか卑猥なことばかり言うので，より丁寧に話を聞いていくと，母と同居している男の性行為をDは目撃していた。

　児童相談所職員が連絡を取ろうとしても母とは連絡が取れず，家庭訪問しても夜逃げしている状況であった。そのため，一時保護から児童養護施設入所となる。

（2）施設入所後の虐待された子どもの様子

事例1−2：身体的虐待

　A（女児9歳）は，入所後1か月は職員の言うことを聞くいい子で過ごしていたが，2か月を過ぎた頃から，職員に対して「死ね」「むかつく」「うざい」など，自分の思いが通らないときに暴言を吐くようになった。

　職員は，Aの試し行動に乗せられてしまいそうになるときもあったが，チームでよいことはよい，ダメなことはダメと一貫した対応を取ることで，試し行動は半年ほどで治まった。その間，心理療法も行われ，Aは，心理療法担当職員に「叩かない大人もいるんだね」，などと話すこともあり，次第に落ち着いていった。

　事例１−２における A の職員に対する「死ね」「むかつく」「うざい」など
の暴言は，虐待されていた家庭環境から離れ，今の施設での安心感を確かめる
ためにわざと嫌われるような行動を取り，それでも自分のことを受け入れるか
どうかを試している行動で，意識的にも無意識的にも行われ，**試し行動**と呼ば
れる。職員も人間なので，繰り返される暴言に頭に来ることもあるが，虐待を
受けた子どもの試し行動であることを認識し，対応策をチームで検討し，励ま
し合い，職員チームを分断されないようにすることが求められる。

　この事例では，チームで一貫した対応を取ったことで，どの大人も同じこと
を言い（よいことはよい，ダメなものはダメ），大人の反応を A が想像できる
ようになり，それが安心感の獲得につながり，その結果として，試し行動が減
少していったと考えられる。

事例２−２：ネグレクト

　B（男児４歳）は，入所してから半年くらいは，高校生が食べるくらいの量
のご飯をたいらげ，職員がお腹を壊すからと制止しても泣き叫んで食べようと
することが続いていた。その一方で，出されたおやつは自室のいろいろな場所
に溜め込んだりし，部屋を職員が掃除したら賞味期限が切れてしまったものが
出てくるということが何度もあった。職員はその都度，B の食べ物がなくなる
ことの不安に共感を示しながらも衛生面の話を繰り返し伝えていった。
　また，入所前から夜尿はあったが，施設に来てからも変わらず，お菓子を溜
め込むことと夜尿は中学生になった今も続いている。

　ネグレクトされた環境で育った子どもは，親から適切な食事の提供や清潔な
住環境の提供などをされていないことも多く，次にいつ親が帰ってきて，ご飯
を食べられるかわからない経験などから，食べ物への執着を示したり，不衛生
な環境でも全く気にしないことがある。これらの行動は，なかなか改善されな
いこともあり，職員は根気よく関わっていくことが求められる。事例２−２で
は中学生になってもお菓子を溜め込むことは続いているので，強迫的な行動で
ある可能性もあり，心理職との連携した支援などX必要となるかもしれない。

　また，虐待を受けて育った子どもには夜尿をする子もよくいる。本事例でも
中学生になっても夜尿が続いていることから，医学的な支援も考える必要があ
り，職員には，一般的な子育ての知識だけでなく，虐待された子どもたちの示
す症状に合わせた支援方法に関する知識が求められる。

事例3−2：心理的虐待

> 不登校になっていたC（女児13歳）は，児童心理治療施設に入所してから自分のペースで学校へ登校するようになり，担当職員には次第に何でも話すようになっていった。時々，中学生の女の子同士の人間関係に悩むこともあったが，担当職員だけでなく，施設内の分教室の先生や心理療法担当職員との関わりを通して，他人から嫌われることの恐怖が和らいでいった。
> 施設を変わることで新しい人間関係をつくらなければならい不安などもあったが，高校生になるにあたって，児童養護施設へ措置変更し，高校へ進学することが決まった。

事例3−2では，母から繰り返し「産まなければよかった」と言われたことで，Cの自尊心は傷つけられていたが，児童心理治療施設の環境では，担当職員や分教室の先生，心理療法担当職員など，頼れる大人が複数いることの安心感を得られたことがCの回復に影響し，児童養護施設へ措置変更するという新しい環境にチャレンジすることにつながったと考えられる。Cが安心感を得るためには，担当職員をはじめとしたCに関わる大人が，Cのことを認めて，ほめて，受け入れていく関わりを続けることが求められる。

事例4−2：性的虐待

> D（男児6歳）は，児童養護施設へ入所した早々，女性職員や遊んでくれたり世話をしてくれる中高生の女の子にベタベタとくっついていくことが多くみられ，そのつど職員は，適切な距離感やパーソナルスペースがあることをDに話をしていき，少しずつではあったが落ち着いていった。
> しかし，Dが小学5年生になったとき，同じ施設の幼稚園児の女児の下着の中に手を入れていたことが他の子どもから職員への訴えがあったことで発覚する。Dから聞き取りをしていくと，他にも何人かの子に何回もしていたということであった。施設は児童相談所と協議した結果，被害児との関係も考え，児童自立支援施設へDを措置変更することとなった。

事例4−2における6歳時のDの行動は，性的虐待を受けた子どもによくみられ，**性化行動**と呼ばれることもある。職員は単にいけないと注意するのではなく，事例のように適切な距離感やパーソナルスペースを教えていく対応を取ることが望ましい。

Dのように行動が落ち着いたように見えても，形を変えて行動化することもあるため，職員にはリスク管理が求められ，時期を考えて性教育などを行うこ

とも必要である。

　以上，虐待の種別ごとに4事例を施設入所前と入所後という形で提示したが，入所後に子どもとの関わりの中で家にいたときの状況がわかってくることも多く，ネグレクトで入所したケースが，実は性的虐待や身体的虐待もされていたということもよくある。児童虐待はまず予防することが大切であるが，起きた後のケアも重要であり，事例では描ききれなかった支援する側の日々のケアの質と専門性を高める努力が求められる。

（3）施設種別ごとの虐待された子どもが占める割合

　社会的養護の場で育てられている子どもは約4万人とされている。そのすべてが虐待されているわけではないが，虐待された子どもたちの割合が半数を超えると施設の運営が難しくなるともいわれている。2023（令和5）年度の児童養護施設入所児童等調査の施設種別ごとの結果では，虐待を受けたと思われる入所児童の割合は，児童養護施設で71.7%，児童心理療育施設で83.5%，児童自立支援施設で73.0%，乳児院で50.5%，里親委託で46.0%と報告されている。虐待された環境から保護され，施設に入所したらすぐに問題が解決するわけではなく，虐待された子どもたちは大人が信用できるかどうか試し行動を行ったり，万引きや暴力などの反社会的な行動を示す子どももいる。また，トラウマティックな症状を示したり，発達障がいなどを有する子もいるため，施設入所後や里親家庭におけるケアも重要となってくる。

3——虐待された子どもへの対応

（1）社会的養護におけるケア

　虐待されて保護された子どもたちは，児童相談所の一時保護所を経て，施設や里親家庭などで生活を送ることになる。生活の中で，基本的生活習慣を身につけることや学校に行くことだけでなく，虐待されたことによるトラウマのケアも重要となる。**トラウマインフォームドケア**（trauma-informed care＝トラウマについての知識をもち，トラウマによって引き起こされるさまざまな症状についての対応法を実践できる）や，**治療的養育**と呼ばれる虐待された子ども

たちに対する支援のあり方や技術が施設職員や里親には求められる。

　一方で，ケアすべき施設職員や里親が，措置された子どもをさらに虐待するという事件も実際に起きている。施設職員や里親による虐待は，被措置児童虐待と呼ばれ，適切に対応されてこなかった経緯がある。千葉県や岡山県の児童養護施設における事件や，隣国の韓国における聴覚障がい児の学校の事件では，加害者職員による極めて悪質な虐待行為がなされていた。その上，行政の対応がきちんとなされなかったために，入所している子どもたちの被害がさらに悪化するということがあった。

　2009（平成21）年に『児童福祉法』が改正され，被措置児童等虐待について，児童本人が届け出たり，周囲の人からの通告を受けて，都道府県市等が調査等の対応を行う制度が法定化された。

（2）児童虐待予防に関する取り組み

１）児童家庭支援センター

　地域に密着した相談支援体制を確立し，児童相談所と連携しつつ，子どもや家庭に対する相談支援を行う児童福祉施設である。児童養護施設からの家庭復帰を予定している子どもについて，退所前から連携し，家庭復帰後の生活がうまくできるように子どもと親の支援をする役割や，里親およびファミリーホームからの相談に応じる等の役割も担っている。

２）オレンジリボン運動

　オレンジリボン運動は，児童虐待の防止を目的とした市民運動である。児童虐待の現状を伝え，児童虐待の問題に広く関心をもってもらう活動を行っている。近年は，学生によるオレンジリボン運動も活発に行われ，シンボルマークのオレンジリボンを広めることで，児童虐待のない社会を築くことをめざしている。

　オレンジリボンのオレンジの色は里親家庭で育った子どもたちが「子どもたちの明るい未来を示す

図11－3　オレンジリボンマーク

色」として選んだといわれ，児童虐待防止活動だけでなく，社会的養護の下で育つ子どもの子育てを支援することもオレンジリボン憲章の中で謳われている。

３）ペアレント・トレーニング

ペアレント・トレーニングとは，子どもの育て方や適切なしつけの方法を学ぶプログラムで，一般家庭の親だけでなく，里親や社会的養護に関する施設のたくさんの職員が学んでいる。

里親や社会的養護に関する施設では，主にボーイズタウン・コモンセンスペアレンティングや精研式ペアレント・トレーニング，トリプルＰといったプログラムなどに取り組み，虐待を受けた子どもへの支援に活用されている。細かくは異なるが，どのプログラムも子どもをほめることを重視し，大人と子どもの関係を改善することや，子どもの不適切な行動を減らしていく方法などが含まれている。

■参考文献
・こども家庭庁：令和４年度 児童相談所における児童虐待相談対応件数，2024
・こども家庭庁：児童虐待の定義
・こども家庭庁：児童養護施設入所児童等調査の概要，2024
・児童虐待防止全国ネットワークホームページ：子ども虐待防止—オレンジリボン運動
・Bridget A. Barnes, Steven M. York M.H.D.（訳者：久山康彦リチャード，三木身保子・監修：堀健一，東野紀江）：ボーイズタウン・コモンセンスペアレンティング®（幼児篇），2011

第12章

社会的養護における基本的な援助技術

1．ケア・ワーク

要点

◎ケア・ワークは日常生活動作を支える援助技術である。入所施設等では，子どもと独占的な人間関係がつくれない中で，いかに信頼関係を築くかが重要となる。

キーワード

日常生活動作　直接的・具体的サービス

2．個別援助技術

要点

◎ケースワークは，個人・家族を対象とし，専門的対人関係と資源活用を通して行う。受理面接から終結までの過程を通し，バイステックの7原則を参考に実践する。

キーワード

ケースワーク　インテーク　アセスメント　プランニング　インターベンション
モニタリング　エバリュエーション　ターミネーション　バイステックの7原則

3．集団援助技術

要点

◎グループワークは集団の特性を活用した援助技術で，準備期・開始期・作業期・終結期という過程を経て目標の達成につなげていく。

キーワード

集団力学　コノプカ　トライアングルモデル

4．連携（職員間・専門職間）

要点

◎子どもの生活を支えるための効果的な援助には，職員間・専門職間の連携が不可欠で，そのためには職場でのコミュニケーションが土台となる。

キーワード

職員間の連携　多職種による協働　児童養護施設等高機能化・多機能化モデル事業

5．子どもの心理療法

要点

◎社会的養護において心理的ケアが必要なケースは増加しており，ケア・ワーク，ケースワーク以外に，精神医学的な基盤をもつ心理療法が用いられることもある。

キーワード

心理療法　遊戯療法（プレイセラピー）　ラポール

　本章で述べることは，ケア・ワーク，ケースワーク，グループワーク，カウンセリング，子どもの心理療法についてである。現代社会が複雑化・多様化し私たちの生活も大きく変化する中で，福祉に対するニーズも多様化しており，求められる知識や技術やそれらを支える価値といったものについて，きちんと整理し認識する必要が求められている。

　保育士を含めた福祉職の質の向上に関しては，人のためにする仕事については基本的に自分のためになっているのだということ，そして求められる福祉専門職の資質は，何よりも自分は人が好きであるといった感性を大切にして，それをいかに継続するかにかかっているということである。

　そのことをふまえた上で，社会的養護における基本的な方法・技術としての援助技術を学び深めていってほしい。

1──ケア・ワーク

（1）ケア・ワーク

　ケア・ワークとは本来，日常生活動作を支える援助技術である。ケアとは，「care」という英語で世話をする・気をつけるという意味である。特に施設養護においては，子どもがその日常生活動作上の展開を通じ，意欲や習慣や生活の技術を身につけられるよう援助することを指す。こうした，心身ともに健全な人格形成をしていく土台となるのが，施設での日常生活である。

　実際の業務としては，日常生活上の世話を中心として，食事，入浴，清掃，洗濯など，まさに日常的な生活に必要なすべての出来事を含んでいる。

（2）社会的養護におけるケア・ワークの考え方

　社会的養護においては家庭と違い，集団やグループでの生活に制約が生じる。特に大規模な施設では，人数の関係から職員と子どもとの独占的な人間関係はつくりにくい。子ども同士のけんかにしても特定の子の味方はできない。職員と子どもとの関係は，幼児においても独占的な関係ではなく絶対の愛情を与えるような関係でないのは明白である。

　ケア・ワークとは直接的・具体的サービスであるが，子どもに提供するため

には，ケアをする職員と，ケアを受ける子どもとの間に社会的役割関係が存在しなければならない。はじめてケア・ワークは成立するのである。

特に成長・発達の援助が目的である要養護児童に対するケアにおいて，日常生活に不可欠な食事や入浴や洗面などの具体的サービスをすることは大切であるが，これらの行為を身につけ自立させるためには，よい援助関係ができていなければならず，敵対関係にあれば学習の障害になってしまう。学習や発達は，職員，子どもの間に密接な人間関係が存在してはじめて最もよく達成されることを把握しておかねばならない（図12－1）。

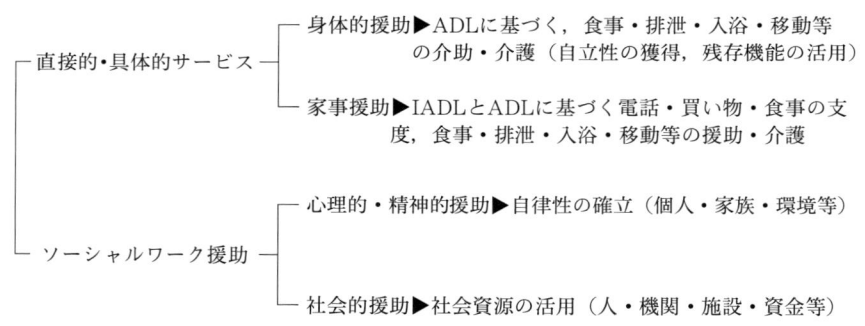

ADL（activity of daily living）：日常生活動作。毎日の生活で必要な基本動作のこと。
IADL（instrumental activity of daily living）：毎日の生活を送るための基本動作のうち，電話，買い物，料理，洗濯，家計の管理等，社会生活を営むうえで必要な動作をいう。

図12－1　ケア・ワーク機能の枠組み
（出典　成清美治：ケアワーク論，学文社，1999, p.12）

2──個別援助技術

（1）ケースワーク

19世紀後半から20世紀初頭にかけアメリカで慈善組織協会活動を指導したリッチモンド（Richmond,M.E.）は，個別援助技術，すなわちケースワークの体系化の中で人間に対する考え方について，次のように述べている。

①　人間は相互依存的である。すなわち，人格を完成させるのは個人と社会環境との間の望ましい関係を通じてであり，ケースワークは個人に対して最高度に可能な社会関係を発見し保障する方法である。

②　人間には個人差がある，個人，個人に応じた行政施策を用意する。

③　人間は独立的であり目的と意志とをもっている。すなわち，人間が他の動物と異なっている点は自分で自らの福祉計画を立て，その計画の実施にあたっては自らもそれに参加できることである。

ケースワークは，職員と子どもとが主として面接を通じて，子どもの環境を調整し，社会福祉諸サービスの提供を通じ，子ども自身がもっている問題解決能力を援助することによって強化し，問題の克服や課題解決を図るものである。子どものもつ生活上の困難の解決や社会生活上の基本的ニーズの充足のために，ケースワーカーとの専門的対人関係と資源活用を通して行い，主に個人・家族を対象とする。

ケースワークにおける支援関係は，他の人間関係とは異なり，何かしらの課題を抱えて保護・措置された子どもの課題を的確に把握し，分析し，いかに解決に導いていくかという施設の援助機能の１つである。入所した子どもや親の諸問題を解決するため施設職員等は，児童相談所のケースワーカーと協力して，課題解決に向けて協議，援助し，家庭の再建と子どもの対処へと援助を展開していかねばならない。

例えば，退園した者に対しても年賀状を出し連絡を取り続けたり，施設が正月や夏休みに帰って来られる場所として機能させたりすることが大事である。

ケースワークの過程は，基本としては次のようになる。

①　インテーク（受理面接）

②　アセスメント（事前評価）

③　プランニング（援助計画）

④　インターベンション（意図的な働き・介入）

⑤　モニタリング（評価・点検）

⑥　エバリュエーション（事後評価）

⑦　ターミネーション（終結）

このような援助過程を経ることにより，ケースワーカーは具体的な援助を展開していく。

インテークは相談援助における初めての面接のことで申請を受理するのかどうかを決定する。**アセスメント**はインテーク面接などで収集した情報や，専門家（医師や心理判定員）からの情報をもとに，解決すべき課題を見つけ出すことである。**プランニング**は子どもの課題をもとに具体的な援助方法を探し，目標を定め実施のための援助計画を立てることである。**インターベンション**（意図的な働き・介入）では，子どもの環境に働きかけながら，職員が主体的に課題を解決できるように援助する。**モニタリング**（振り返り〔評価〕・点検）は援助の内容が適切であるか，効果があるかを必要に応じて振り返る。**エバリュエーション**は実践したことの評価を行うが，子どもは成長・発達の著しい時期であり，また，援助は長期に及ぶことが多い。それぞれ固有の問題を解決する方向でしっかりと理解することである。そして，問題を解決する過程を評価し，残された問題を確認し子どもの依存状態を残さないように，用意周到に終結へと向かう。**ターミネーション**では，課題としていた内容が解決し，援助の必要がなければ終結とする。

また，1957年にバイステック（Biestek, F.）が提唱したケースワークの基本原則である**バイステックの7原則**は，子どもを理解する上でも援助を行っていく場合にも非常に重要な点を含んでいる。

① 一人の個人として接してもらいたいという気持ち（個別化）

② 自分の気持ちをありのままに表したいという気持ち（意図的な感情表出）

③ 自分が表した気持ちについて好意ある応答がほしい気持ち（統制された情緒的関与）

④ 価値ある人間として受け入れられたい気持ち（受容）

⑤ 直面する問題に善悪の判断をしてほしくない気持ち（非審判的態度）

⑥ 自分で決定し選択したいという気持ち（利用者の自己決定）

⑦ 人に知られたくないという気持ち（秘密保持）

この7原則をふまえて個別的に子どもを理解して援助計画を立て，実践，そして評価していくことが大切である。

（２）児童ソーシャル・ケースワーク

　子どものケースワークにおいて大切なことは，図12－2で示すように，子どもを取り巻く環境についても把握しておくことである。

①　子どものための政策と行政の役割（行政的な環境）

②　子どもの生活基盤としての所得保障（経済的な環境）

③　建物，住宅などの建築的な問題（物理的な環境）

④　子どもを取り巻く社会の理解度（心理・情緒的な環境）

⑤　社会・文化・スポーツなどの機会への参加（社会・文化的な環境）

　問題状況の中でも，どれが重要な問題なのかは個人個人によって異なるが，社会福祉の専門的援助技術であるケースワークを児童福祉施設の職員や福祉事務所や児童相談所のケースワーカーなどが活用したり，子どもを取り巻く環境を把握し活用することは意味があり重要なことである。

　図12－3で示すように，子ども自身の問題に対し，さまざまな角度からあらゆる手段を使い，問題解決の糸口を見つけなければならない。相談援助だけでなくすべての関連技術や機関と連携し，その子どもに合った社会資源を見つけ出し，それを自分自身で選択しようとする自主性を育むことが不可欠である。

　子ども一人ひとりのケースや状況にもよるが，時間をかけて援助することも大切であり，子どもの人権問題について自治体や行政に対して働きかけをしたり，法や制度の改正をめざす社会活動も必要である。

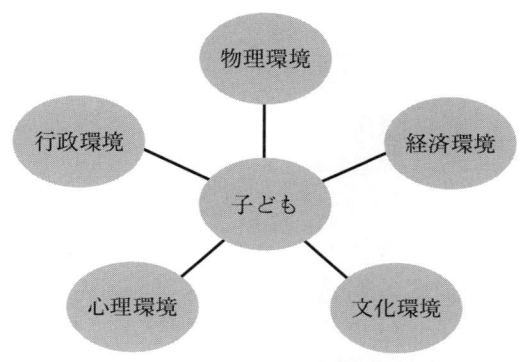

図12－2　子どもの関連環境

（出典　竹並正宏：「障害者ソーシャルワークの研究」，第一福祉大学紀要第5号）

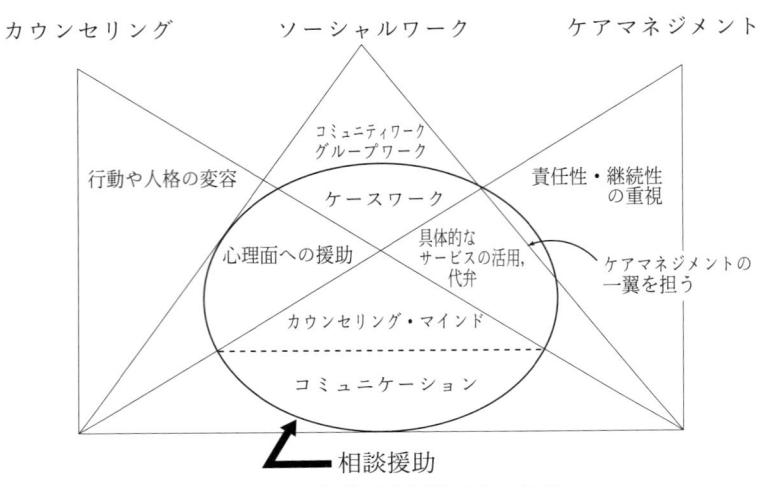

図12－3　相談援助と関連する技術

（出典　ホームヘルパー養成研修テキスト作成委員会編：ホームヘルパー養成研修テキスト２級課程
　　第３巻　生活援助・相談援助・関連領域，長寿社会開発センター，2003，p. 101）

3──集団援助技術

（1）グループワーク

　集団援助技術，すなわちグループワークとは，集団のもつダイナミックな力
（集団力学）を活用し，集団のもつ諸問題を解決するとともに，メンバーを援
助するソーシャルワークの方法である。レクリエーション，クラブ活動など２
人以上のメンバーが対面的な関係におかれ，ワーカーとメンバー間，さらにメ
ンバー間の相互作用を通じて個人のパーソナリティの発達を図るものである。

　アメリカのグループワーク研究の第一人者であるコノプカ（Konopka,G.）
は，多くの学者が提示した集団指導の本質や原則を，自分の見解に含めて教育
的グループワークの確立に貢献した。それを要約すると下記のようになる。

　①　ソーシャルワーカーの責任とは個人を理解し，各個人の相違性を認め，
　　　個人の欲求と同時に集団全体の欲求にも準じ，その集団が位置している地
　　　域社会の欲求に準じて個人を援助することにある。

②　集団援助技術では，子ども同士の関係が職員と個人との関係にも増して重要であることを認識し，相互関係の発展をより効果的に対処しうるように援助する理性的な集団編成が求められる。

③　職員はグループの状況を観察して，適切な援助をしなければならないタイミングを見極め，くつろいだ話し合いを設ける。

④　子どもが自分の能力に応じて参加するような環境をつくり，意欲をさらに向上させ，徐々に参加する環境を向上させるように支援する。

⑤　職員との関わりの中で自分たちの問題の解決策を見つけ，全体の集団は職員の援助を得て折衷し，討議を通して解決する方向に動かす。

⑥　新しい人間関係をつくる支援を行い，さまざまな状況において必要な援助をし，信頼関係を樹立する。

⑦　集団全体で何かを達成できる機会を準備することにより，グループの発達過程を理解した上で援助して，必要ならば直接話し合いに入る。

⑧　社会目的の診断評価などに用いられるプログラムを活用し，子どもに対する集団的評価や集団の目的を関連づける。

⑨　専門職がもつ人間関係の倫理と価値を参考に，制限を建設的に活用する。

⑩　現実場面から子どもの態度の変容を知り，診断的な目的に活用する。

このようにコノプカは唱え，個人と集団過程に対する継続評価（定期的に評価や査定をすること）は集団援助技術の一部であり，さらに，評価の際に何度も相談援助を行い，子どもの目標に近づくことが重要である。

（２）グループワークの基本技術

グループワークの基本技術として次のような展開過程をたどる。

準備期（計画に取りかかる時期）→開始期（動き出すまでの時期）→作業期（発展・成熟していく時期）→終結期（グループワークを終える時期）。これらの展開過程を経て，職員が円満で節度のある行動をするためには，職員自身の満足感や達成感のためではなく，メンバーの成長と目標達成につなげていくのがグループワークの役目である。

また，自立と自己責任をふまえてインフォーマルサービスを重視した安全網も確立しなければならない。図12−4は，ソーシャルワーカーの媒介機能を示

すものである。クライエント（子ども）とシステムを媒介するトライアングルモデルとして図式化される。これは子どもと子どもを取り巻くシステムと職員の三者で構成されるグループワークの基本技術である。

さらにグループワークの重要な基本技術は，集団を通じて「個人」を援助することである。グループワークで重視されている「個別化」の概念は，当然のことながらグループワークの中でも重視されている。グループワークの活動

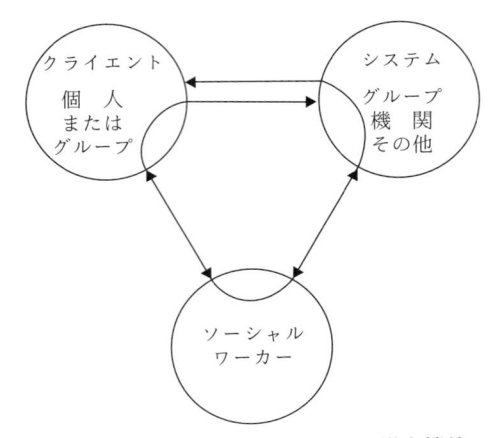

図12－4　ソーシャルワーカーの媒介機能
（出典　Schwartz, W.："Social Group Work：The Interactionist Approach"Encyclopedia of Social Work（16th）, NASW, 1971, p. 1259）

を通じた援助技術には子どもの分野においてケースワークにない特有の援助効果がある。また職員自身もそのメンバーとしての貴重なグループ体験を積み重ねていることも覚えておかなければならないことであろう。

4──連携（職員間・専門職間）

（1）連携に必要な職員間のコミュニケーション

社会的養護における職員間・専門職間の連携においては，職員間のコミュニケーション（対話）が重要である。個々の職員，あるいは個々の職種がそれぞれの仕事をしているだけでは，子どもにとって安心できる環境とはならない。

保護者のいない子どもや家庭環境上養護を必要とする子どもにとって，施設は安心できる場所であり，環境であり，ゆとりある時間であり，ともに生きていく仲間がいて，地域で豊かに過ごすための基盤である。そうした生活環境の安定は，職員間で連携して協力体制を築き，情報を共有し，生活方針・援助方針を一致させていくことで実現できる。そして，そのために必要とされるのは，日頃からコミュニケーションを取りやすい職場環境である。

　また，多職種による協働も必要である。保育や福祉，教育，保健等の各分野が組織関係を構築しながら，異職種での協働を実現することで，報告・連絡・相談が行いやすい職場環境づくりがなされるのである。

　施設内の職員間だけでなく，さまざまな専門職間との連携，例えば施設長はもちろんのこと，看護師，心理療法担当職員，家庭支援専門相談員，里親支援専門相談員，嘱託医，栄養士または管理栄養士，調理員，事務員や社会福祉協議会や行政の職員などとの連携も発展させていかなければならない。

（２）児童養護施設等高機能化・多機能化モデル事業との連携

　施設や機関同士の規模での連携の新たな取り組みとして，「児童養護施設等高機能化・多機能化モデル事業」があげられる（図12−5）。

　2016（平成28）年改正の『児童福祉法』に基づき，児童養護施設等による親子関係形成支援やショートステイ事業など「高機能化」「多機能化」が国庫事業として進められてきた。さらに近年は，地方自治体における多様な取り組みや先駆的な事例を実施する児童養護施設等を募集してモデルとして支援し，そ

市町村 ←連　携→ **児童養護施設等**　←連　携→ **都道府県**

児童養護施設等
・児童養護施設，乳児院，児童心理治療施設，児童自立支援施設，母子生活支援施設，自立援助ホーム　等

地方自治体や関係機関と連携して
施設の専門性を活かした支援メニューを実施

| 訪問家事支援 | 親子関係援支援 | 子どもの居場所づくり支援 | ショートステイ＜レスパイト＞ |
| 医療機関連携支援 | 地域の子育てネットワーク形成 | 産前・産後サポート産後ケア |

図12−5　児童養護施設等高機能化・多機能化モデル事業

（資料　厚生労働省：令和5年度予算案の概要）

の効果的な取り組みを全国の自治体等に展開を図る「児童養護施設等高機能化・多機能化モデル事業」が2023（令和5）年度より始まった。

　事業を推進していくには，施設が自治体，関係機関と協働して効果的な支援を実施するという「連携」のために，職員に働きが不可欠となる。

（3）相談者とともに

　社会が複雑化・多様化し私たちの生活も大きく変化する現代社会においては，社会福祉サービスを必要とする人々が増加し，社会福祉に対するニーズも多様化している。求められる知識や技術やそれらを支える価値といったものを，きちんと整理し，認識しなければならない。

　支援者は自分自身の問題ととらえ，一緒に問題解決に向けて努力することで，責任感や苦しみを軽減して心理的問題を解決できる。さらに自立支援を基本としたさまざまな技術が研究されており，適切に活用することも重要である。

　社会的養護の担い手は多職種からなり，職種間の連携が最重要である。そして求められる資質は，なによりも自分は子どもが好きであるといった感性を大切にして，それをいかに継続するかにかかっている。

　人は人に支えられながら生きていくのであり，連携という互いに連絡をとり協力しながら，誰もが安心して暮らせる社会にしていかなければならない。

5──子どもの心理療法

（1）心 理 療 法

　処遇困難なケースが増加している現在，家庭の背景に留意し，子どもの心理的ケアに対して配慮することが求められている。子どもは大人のように自分の心理状態を言葉で表現することが難しく，身体症状や問題行動として現れることが多く，心の不安定さをいろいろな形で訴えてくる。その発している小さなサインをしっかり把握することが重要とされる。

　心理療法がケースワーク等と大きく違う点は，心理療法が精神医学的な基盤をもち，精神的疾病の治療を目的とする点である。

（2）遊戯療法（プレイセラピー）

　遊戯療法（プレイセラピー）とは遊ぶことを通して子どもの人格の成長と変容をめざす子どもの心理療法で，子どもの問題行動への直接的な働きかけとして用いられる。現代社会が抱えるさまざまな問題，不登校，虐待，いじめ，家庭崩壊などの不明確な要因が蓄積した結果，精神的疾病が出現してくる。

　図12−6で示すように遊戯療法に必要不可欠なのが遊戯室すなわちプレイルームである。プレイルームの広さは，個人プレイセラピーの場合15㎡前後，集団プレイセラピーの場合30㎡程度が適当であり，子どもに身体的危険が及ばないことが第一の条件である。さらに他の領域と切り離された空間であり，砂場，水道，観察室，ワンウェイミラーなどの設備があることが望ましい。プレイルームはプレイセラピーにおける制限を守るためにも重要な要素である。

　遊具は，子どもとセラピストの信頼関係の確立や子どもの感情表現を促すもの，創造する欲求を満たすものなどを用意し，対象者は3〜4歳から小学校高学年が一般的であり，情緒的問題，家族の問題などに起因する子どもの問題行動全般に効果がある。1回のプレイセラピーの時間は約1時間程度で，週に1度もしくは2週に1度程度行うことが適当であるといわれている。

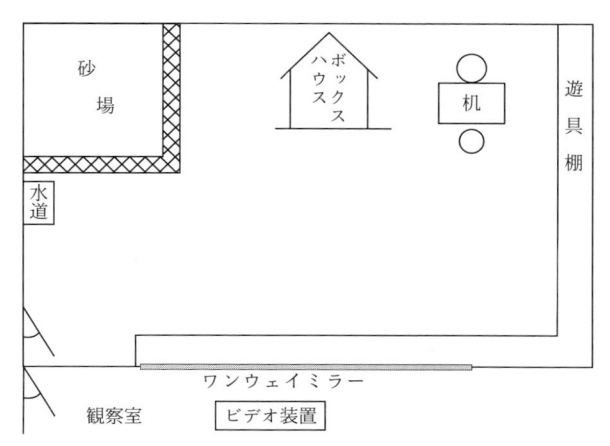

図12−6　プレイルームの一例

（出典　大塚達雄他編：ソーシャル・ケースワーク論，ミネルヴァ書房，1994，p.217）

（3）心理療法に求められるもの

　カウンセリングルームという空間で自由に話すことを促すためには，職員との安定した信頼関係（ラポール）を築いていくことが，健康的な心の発達を促す第一歩となる。体のどこかの具合が悪くなってしまったり，精神的に不安定な感じであったり，神経症的な行動（チック，どもりなど）が見られたりなど，SOSの出し方はさまざまであるが，この段階で適切な対応をすることができれば，その後の問題を最小限にくい止めることが可能である。

　言葉によるコミュニケーションが成立していなくても，すでに言語的交流以外の見えない交流が始まっている関係性は大切である。言葉を巧みに用いる子どもにおいても，言葉では表現しきれないものが，さまざまなチャンネルを通して表出されている。また，言葉によるやりとりがスムーズに見えても，実は体験と言葉の間には大きな溝や隔たりがあることも少なくない。その意味では，言葉を介した交流以外の関わりにセラピストがどのくらい踏み込んでいるかということは，どの年齢，どの病態に限らずとても重要なことである。

　心理療法やプレイセラピーは不適切な養育環境のもとに育った子どもたちに対する心理的援助の一部に過ぎない。現実の生活の中で食事のとり方，睡眠の様子，入浴時の様子，生活習慣がどれほど身についているのか，友達関係や異性などとの人間関係や学校での様子などの生活場面での情報をも加えて総合的に把握することで，子どもへの療法はより確かなものになるであろう。

■参考文献
・本間昭他監修：訪問介護員養成研修テキストブック[2級課程]，ミネルヴァ書房，2005
・国分康孝：カウンセリングを生かした人間関係，瀝々社，1984，pp. 21 - 22
・大塚達雄他：ソーシャル・ケースワーク論，ミネルヴァ書房，1994，pp. 216 - 217
・黒川昭登：現代介護福祉論，誠信書房，1989
・西尾祐吾他：ソーシャルワーク，八千代出版，1999
・武井麻子他：ケースワーク・グループワーク，光生館，1999
・黒木保博他：グループワークの専門技術，中央法規出版，2001
・福田垂穂他：グループワーク教室，有斐閣，1979
・北川清一他：新・児童福祉施設と実践方法，中央法規出版，2001
・井上肇他：養護内容総論，福村出版，1988
・杉本一義：人間福祉の探求，永田文昌堂，1998

第 13 章

施設養護の実践紹介

●● アウトライン ●●

1．児童養護施設

要点

◎児童養護施設の子どもは，虐待をはじめとしたさまざまな事情により家庭を離れているため，施設では心の傷などをケアしながら生活支援・自立支援を行っている。

キーワード

ソーシャルスキル教育（SSE） セルフエスティーム クオリティ・コントロール（QC）活動

2．障がい児を対象とする施設

要点

◎障がいのある子どもに対しては，障害児入所施設，児童発達支援センターなどにおいて，障がいに応じた形で生活支援・学習支援・治療的支援を行っている。

キーワード

療育 個別の支援計画 インフォームドコンセント アカウンタビリティ

3．障害者支援施設（障害福祉サービス事業所）

要点

◎障害者支援施設では，18歳以上の障がい者が生活し，利用者の自立に向け，生活指導・作業指導・自立訓練などを行っている。障がいの程度に応じ，身辺自立から就労自立まで幅広い役割を担っている。

キーワード

障害者総合支援法 インクルージョン 日常生活動作（ADL） 生活の質（QOL）

4．障害福祉サービス事業所（主に日中のサービス）

要点

◎障害福祉サービス事業所における日中のサービス内容は，自立訓練，就労移行支援，就労継続支援であり，通所により自立をめざしている。

キーワード

障害者総合支援法 自立訓練 就労移行支援 就労継続支援（A型・B型）

5．児童自立支援施設

要点

◎児童自立支援施設は，不良行為をなした少年や犯罪を犯した少年を保護・教育して更生を図る施設である。被虐待体験や知的障がい・発達障がいのある子どもの増加に対応した支援が求められている。

キーワード

不良行為 犯罪少年 触法少年 虞犯少年 夫婦小舎制

　本章では『児童福祉法』による児童福祉施設の一部，『障害者総合支援法』による障害者支援施設を取り上げ，施設における実際の支援や取り組みを，事例をまじえて紹介していく。

　施設は法的根拠による分類の他に，入所施設，通所施設，利用施設という利用者の利用形態による分類ができる。

　また，利用にあたっての行政機関の関与による措置施設と，自ら選択してサービスを契約する利用契約施設等に分類することもできる。対象の子どもの施設利用の流れを図13－1に示す。

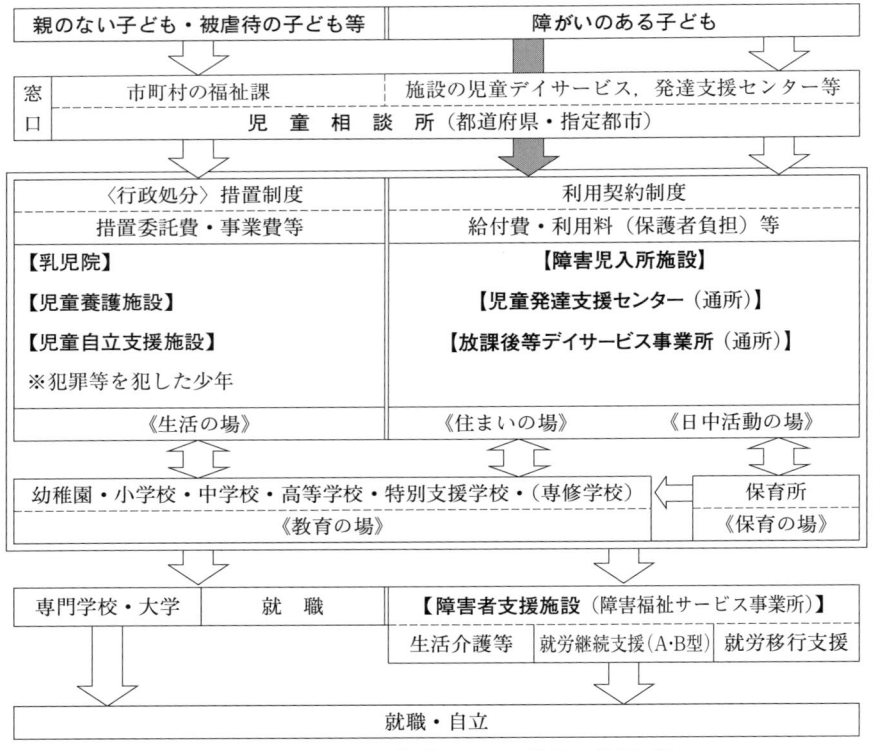

図13－1　子どもの養護に関わる施設の位置づけ

1 ──児童養護施設

（1）児童養護施設の概要

　児童養護施設は，『児童福祉法』第7条および第41条によって規定された，さまざまな理由によって社会的養護を必要とする子どもたちが一時的に親から離れて生活している施設である。利用の対象は成長・発達の観点から家庭での養育よりも施設での生活が望ましい子どもたちである。

　入所児のうち，就学前の子どもは近くの幼稚園等に通い，小・中学生および高校生は地域の小・中学校や高校，特別支援学校へ通学している。義務教育終了後も高校や特別支援学校の高等部へ進学する子どもは多い。また，18歳を過ぎても家庭復帰が難しい場合には，措置解除後も引き続き入所が認められた大学生・専門学校生も利用可能になってきている。

　入所期間は短期・長期とさまざまであるが，家庭から離れて生活していることや被虐待のため，子どもによっては心の不安定さや深い傷を抱えている。施設職員はそれを念頭に置き，子どもたちと生活をともにしながら親代わりとして心の傷や不適応行動等をケアし，自立ができるように支援している。

（2）利用している子ども

　入所している子どもの年齢は，おおよそ2歳から18歳までである。利用に至る理由としては親の死亡，親の病気，離婚による家庭崩壊，親の行方不明・失踪，親による子どもへの身体的・心理的・性的な虐待，養育の拒否および放棄（ネグレクト）の虐待により子どもの養育が困難なことなどがあげられる。2歳未満の子どもについては乳児院に入所することが多い。

　都道府県・指定都市等にある児童相談所が利用相談窓口になっている。利用決定は都道府県知事・指定都市市長等の委任により，児童相談所長による"措置"という形で行われる。

　また，施設の**ショートステイ事業**（親の病気や出産，事故などで子どもの養育に困難が生じたときに短期間の養育をする），**トワイライトステイ事業**（親の仕事などの事情で帰宅が遅い場合，夜間まで子どもを預かる）などのサービ

スを受ける場合は，市町村との“契約”という形での利用も行われている。

　さらに，地域のニーズに応えるために施設単独で学童保育やデイステイなどの事業を展開しているところもある。

（3）施設の1日
1）和光学園＜事例1＞

　本施設は家庭より入所での養育が望ましい1歳以上（特に必要がある場合は乳児を含む）18歳未満の子どもを入所により養護し，あわせて退所後も相談その他のための援助を行っている。いろいろな親側の事情により養育が困難な子どもに対して，自立ができるように日課がプログラムされている。そのために3つの養育方針が決められ，日常の生活を大切にした養育を行っている。

表13－1　児童養護施設の日課（和光学園）

子どもの活動		保育士・児童指導員の仕事		
時間	日課	早出勤務	宿直勤務	遅出勤務
6：30	起床・洗面	出勤	起床援助 食事援助 登校援助	
6：40	そうじ			
7：15	朝食		職員朝礼	
7：50	登校			
午前	＜学校での勉強＞			
			退勤（引き継ぎ）	
12：00	昼食・給食			
午後	＜学校での勉強＞	園内清掃 事務処理等		
14：30	小学校低学年下校			（引き継ぎ）出勤
15：30	小学校高学年下校 宿題	退勤		
17：30	部屋の片づけ 洗濯物の整理			
18：00	夕食，自由時間			
19：00	入浴，洗濯			
21：00	小学生就寝		出勤	
22：00	中・高校生就寝		日誌等整理	退勤

大切な子どもとの関わり

洗濯をしているところ

＊勤務形態：早出（6：30～15：15）・宿直（20：30～翌日9：30）・遅出（12：45～21：30）

養育方針としては次の3点を設定している。

> ①社会で自立できるために必要な強い「こころ（精神）」を養う
>
> 　自分で考え自分のことは自分でできる子，いかなる状態でもくじけない強い意思と忍耐力，生き抜く力をもった子どもになるよう養育に努める。
>
> ②社会で自立できるために必要な強い「からだ（体力）」を養う
>
> 　運動能力の向上や栄養，保健衛生，身体の清潔維持に留意し，健康で困難に耐え得る強い体力をもった子どもになるよう養育に努める。
>
> ③社会で自立できるために必要な豊かな「きもち（社会性）」を養う
>
> 　子どもに役割と責任を与え自主性・社会性を高めるとともに，他人を思いやる心，物事に感謝する心，弱者を慈しむ温かい心をもった子どもになるよう養育に努める。

　この養育方針のもとに子どもの年齢，発達段階に応じてその個性を高め，心身ともに健全な社会の一員として自立できるように努めている。職員は早出（はやで），宿直，遅出（おそで）の3つの勤務形態により，子どもたちの生活全般を援助している。

① **日常生活を大切にした養育**

　多くの子どもは入所に至るまでに一般家庭で経験しているような生活をしてこない場合が多い。日常の生活の全般を通して基本的な生活習慣を習得できるように援助していくことが大切である。

　また，子どもによっては社会の中で生活するための礼儀，マナー，物事の考え方，人間関係など周囲の人に対する態度がうまくできていないことがある。

　そのため乱暴な振るまい，不適切な言葉遣いが多い。未学習，学習不足，誤学習については不適応的な行動を修正し，正しい行動を身につけるようにしている。**ソーシャルスキル教育**（SSE）の視点を日課のあらゆる機会に取り入れ，社会生活の上で必要な生活スキルを習得できるように関わっている。

② **受容と愛情ある関わり**

　施設を利用する前の子どもたちは劣悪な家庭環境において養育されてきていることが多い。子どもの傷ついた心を癒し，本来あるべき子どもの心を取り戻

すためには，あるがままの姿を受容する関わりが必要である。

　また，職員が愛情をもって接することで少しずつ子どもの心が癒され，自尊心（セルフエスティーム）や人への信頼感が高まってくる。

③ 小舎による生活，少人数部屋，個室での生活

　小学校低学年までは複数の子どもたちで部屋をともにするが，徐々に個室で生活することで自立心を育てている。自分の部屋をもつことで，プライベートな空間が確保でき，部屋の掃除など日常生活のスキルの向上も期待できる。

④ 個別の心理相談

　親からの虐待を受けた子どもは入所の子どもの半数以上で観察され，今後も増加が見込まれる。虐待や愛着障害に対する心のケアが大きな課題となっている。虐待を受けた子どもはそのトラウマの再現性があり，それが他者への暴力，自傷行為，パニック障害となって現われやすい。個別の支援計画を作成し，遊戯療法や心理療法などの視点も取り入れた丁寧な関わりが必要である。

　また，ADHD や LD，自閉スペクトラム症の子どももみられるようになってきており，治療的養育も必要になってきている。

　さらに，いろいろな人間関係の中で共同生活しているため，友達同士のトラブルや悩みも発生しやすい。思春期には将来に対する進路，不安，恋愛などの問題もでてくる。一人ひとり丁寧なカウンセリングが求められる。

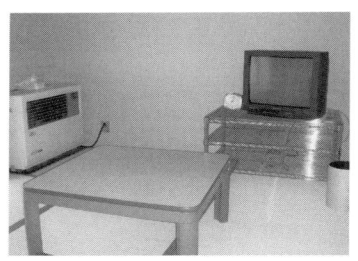

母子生活訓練・小規模ケア施設

⑤ 親子訓練棟での生活体験・行事

　子どもの問題はその子どもを取り巻く環境，いわゆる家庭・親の問題であることが多い。虐待された子どもを保護しても，いずれ親子が一緒に生活できる状況まで再統合することが課題となる。そのため，親子の関係を修復するような生活体験ができる環境の場がある。

⑥ 余暇活動・習い事

　行事には，親子の絆を回復する役割があ

宿泊して親子の再統合をはかる施設

り，大切な機能として位置づけられる。休日は子どもたちのプライベートな時間が確保されているが，時々地域の行事が組み込まれ，レクリエーションや地域の祭り，社会活動に参加している。

　また，習い事としてはスイミングスクール，学習塾など，地域の運動・文化活動ではボーイスカウト活動，サッカー少年団などがある。

表13－2　児童養護施設の年間行事（和光学園）

春	お花見会，鞍掛山登山，幼児遠足
夏	海水浴，ソフトボール大会，さんさ踊り，祭りの神輿運行
秋	岩手山登山，球技大会，リンゴ狩り，栗拾い，スポーツ交流会
冬	クリスマス会，餅つき，豆まき会，雪まつり見学，卒業を祝う会

2）みちのくみどり学園＜事例2＞

　本施設は医療的ケアを必要とする子どもの養護施設として開設された。子ども病院と特別支援学校が併設されている。子どもの主な疾患には気管支喘息，アレルギーや肥満，てんかんなどがある。また，近年は親から虐待を受けた子

表13－3　児童養護施設の日課（みちのくみどり学園）

子どもの活動		職員（児童指導員・保育士）の仕事
6：00	起床・朝の集い	子どもたちの日常生活の食事，登校までの準備，入浴などの生活全般を支援している。
7：10 8：20	朝食 登校	
午前 〜 午後	学校，幼稚園，園内保育	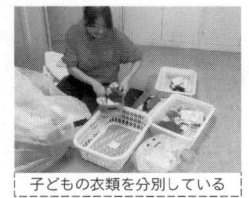 子どもの衣類を分別している
15：00	おやつ	
15：30	下校・温泉プール・スポーツ少年団・交流活動	
18：00	夕食・入浴・清掃	
19：00	学習・宿題・自由時間	
20：30〜	年齢にあわせて就寝	子どもたちの部屋
22：00	全体消灯	

どもが増加する傾向にある。心理的な面も含め，日常的に医療との連携を図りながら自立に向けた支援が行われている。

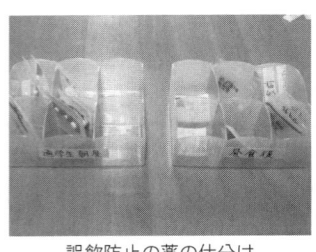

誤飲防止の薬の仕分け

① 日常生活の支援と健康・服薬援助

疾患の症状に対する理解を進め，その健康管理の仕方を意識面も含めて支援している。

② ホームステイ

一般家庭の生活に触れ，実際に体験するために学校の長期休業には海や山の地区の一般家庭にホームステイし，自然と多くふれあい，心と体を鍛える行事を実施している。子どもの健全な成長には地域の交流，協力が大切である。

（4）働いている職員

児童養護施設で働く人の職種は，施設長，児童指導員，保育士，栄養士または管理栄養士，調理員，嘱託医，事務員等で，それぞれがその職務に応じて子どもの生活と健康，学業を支えている。近年は，虐待を受けた子どもが増加していることから，個別対応職員，家庭支援専門相談員（ファミリーソーシャルワーカー），心理療法担当職員の配置も進んでいる。

（5）仕事の内容

子どもたちの生活・学習を支えるためのあらゆることが仕事となる。普通の家庭で行われている子育てと基本的には同じである。しかし，児童養護施設では家庭の機能に加え，専門的養護の機能が必要になってくる。虐待や両親の離婚，失踪等により親から捨てられたという心に傷を負った子どもや発達障がい（LD，ADHD，自閉スペクトラム症など），病気のため人生に否定的な感情をもつ子ども，思春期特有の問題を抱える子ども，そのような子どもたちと生活をともにして一人ひとりの成長と自立を支えている。

（6）今後の課題

1）家庭養育に近づける努力と里親との連携

これまでの中・大舎処遇を想定した社会的養護の施設から，さらにユニット

化，小舎化を進めることによって，一般家庭に近づいた養育環境を整備する必要がある。今後は社会的養護のもう1つの柱でもある里親との連携を進め，なるべく家庭に近づいた養育ができる機能を高めていくことが求められている。あわせて両親に代わる里親などの養育者の確保が必要になっている。

また，家族の再統合のための方法として，小規模グループケアを行う施設や地域小規模施設などを設置し，より地域の中で通常の生活ができるような家族への支援が重要になってきている。

2）子どもの進路

義務教育終了後，多くは高校に進学するが中途退学する子どもも高い割合でみられる。就職にうまく移行できない場合もある。退所後のアフターケアも重要な事業となる。地域によっては自立援助ホームがあり，自立に向けた粘り強い支援が行われている。また，統合失調症やうつ病などの精神面での障がいがある場合は，就労を含め自立が困難な状態にある。学校や障害者職業センター，地域活動センター，行政担当者との連携が求められている。

3）教育・医療・行政機関との連携

学業の遅れや生活の乱れがある子どもには，学校の担任との連携が欠かせない。子どもの様子を電話や連絡帳によって，日頃から情報交換することが大切である。また，精神的な障がいがある場合には医療機関との連携が必要である。親と子どもの関係をつなぐ上で施設，行政の役割は大きい。子ども本人だけでなく，家族支援も含めたトータルアプローチが求められている。

4）子育て支援事業・地域との交流

地域の子育て支援の窓口を設置し，施設内だけでなく，地域に向けて広く相談に応じている。ショートステイ，トワイライト，子育て支援相談などの事業も行っている。また，施設内の体育館，会議室，グラウンド等を地域の活動に開放している。

（7）サービスの向上をめざす福祉 QC 活動

クオリティ・コントロール（QC）活動とは，福祉サービス利用の制度化が進む中で，苦情や提供しているサービスの評価を行い業務改善することである。

子どもにとって快適で安心のある生活が提供できているのか，施設側が主体

的に課題を明らかにし，生活環境の向上に努めている。

　子どもたちの率直な意見を吸い上げるために，苦情受付箱を設置し，第三者委員も置いている。意見への対応についても広報などで開示して知らせている。

子どもたちの意見を聞く苦情受付箱

2——障がい児を対象とする施設

（1）障がい児を対象とする施設の概要

　障害児入所施設は『児童福祉法』第7条・第42条によって規定されている。18歳未満の障がいのある子どものうち，家庭において養育するよりは，教育との一体化の中で施設での養育のほうが成長・発達を促すと考えられる場合に親から離れて生活する入所サービスが行われる。第43条では家庭等から通所して療育する児童発達支援センターが規定されている。

　入所サービスの施設の子どもは，地域の小・中学校の特別支援学級や特別支援学校の小学部・中学部・高等部へ通学している。就学前の子どもは，近くの幼稚園等に通っている。また，障がいの程度が重い場合には園内で保育をする。

　将来の自立に向けて，それに必要な知識や技能を獲得するために生活支援・学習指導を受けながら生活している。障がいによる環境への不適応から，何らかの問題となる行動を抱えていることもある。

　職員はそのことをふまえ，治療的な関わりを念頭に置きつつ子どもたちの親代わりとして生活をともにし，自立を支援する専門職として働いている。

（2）利用している子ども

　利用しているのは18歳未満で，知的障がい・肢体不自由のある子どもや盲ろうあ児などである。障がいの程度により，家庭で適切な養育が受けられない子どもたちが入所という形でサービスを利用している。

施設入所サービスは減少の傾向にあるが、一方で施設利用する子どもの障がいの重度化が進んでいる。また、最近では虐待されてきた子どもが入所する児童養護施設が満杯状態の傾向にあり、いろいろな事情のある子どもと混在するケースも多くなっている。

『障害者自立支援法』が施行されてからは、保護者と事業所の"契約"により利用することになっており、2013（平成25）年4月から施行の『障害者総合支援法』においても引き継がれている。さらに、障がいの範疇として難病の子どもも対象となった。

（3）施設の1日

1）児童発達支援センター：ひまわり学園＜事例3＞

就学前の子どもたちが、学園のバスあるいは親の送迎によって通園している。主に自閉症やダウン症、脳性まひの子どもたちが、その障がいの程度に応じて利用している。また、親と子の「わらしっこ教室（母子通園事業）」も週に1回行われている。専門家によるペアレント・トレーニングを取り入れ、親と子どものよりよい関係づくりを支援している。

① 日常生活の基本的習慣

特に食事や排せつの面での指導が行われている。なるべく自分の意志で活動しようとする意欲を大切にしている。排せつではトイレットトレーニングを中心に定時排尿や尿意・サイン言語の形成をめざしている。おむつからの自立をめざしている。食事では手洗いから食事、歯磨きまでの正しい食事習慣の形成に向けた取り組みが行われている。

② 遊び・療育

日中の活動の中心は遊びである。遊びには自由遊びと課題遊びがある。課題遊びは季節ごとにテーマを決めて遊んだり、新聞紙やボール、砂、水などの素材を中心として遊ぶ。

また、散歩は自然と触れ合う大切な時間である。それらの遊びは療育の視点を取り入れ、運動機能の発達や精神的なリラックスを目的とするムーブメント、リトミック、音楽療法、感覚統合法などが行われている。

表13-4　児童発達支援センターの日課（ひまわり学園）

子どもの活動		職員の仕事
8：30	通園バス	遊び・行事を中心とした療育活動により生活全般を支援している。
8：40	車内指導	
10：10	身辺処理	
午前	クラス（組）での活動身辺処理	
11：30	昼食・給食	
12：20	安静・午睡	
午後	自由遊び	運動会の練習
13：30	クラス（組）での活動	
14：00	間食・身辺処理	
14：30	終わりの会	
15：00	通園バス・車内指導	個別での食事指導

③　行　　事

　保育所に準じた行事を取り入れ，親子で楽しめるように心掛けている。親は行事によって子どもの成長を確認でき，日常生活への活力になっている。

④　個別の支援計画

　児童発達支援にあたっては，個別の支援計画が作成される。個別の支援計画の作成については一人ひとりの発達的ニーズを把握し，保育・療育計画（**プラン**）とその実行・活動（**アクション**）および評価（**アセスメント**）が行われている。親との共通理解を大切に，家庭や関連機関と連携しながら取り組まれている。その際，説明と同意（**インフォームドコンセント**）と説明責任（**アカウンタビリティ**）が大切である。個別の支援計画の様式は関係機関によって異なるが，実施の流れはおおよそ図13-2のとおりである。

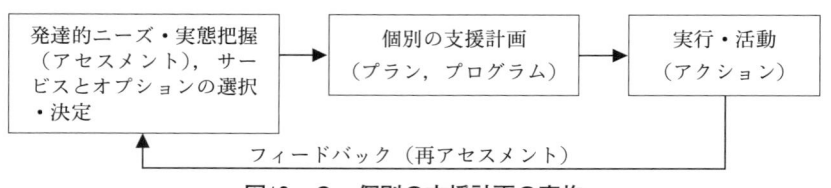

図13-2　個別の支援計画の実施

２）障害児入所施設：奥中山学園＜事例４＞

　主として知的障がいがあり，入所サービスが望ましいと保護者が判断した子どもたちが生活している。家庭の生活スタイルに合わせた生活ができるように支援している。日中は，近くの特別支援学校に徒歩や送迎車で通学している。

① 身辺処理の支援

　子どもたちは起床すると着替え，洗面，掃除，朝食準備，朝食，その後には，歯磨き，排せつ，登校準備，通学となる。職員はそれぞれ必要に応じたポイントで支援を行う。子どもの様子について学校に伝えておきたい事柄は連絡帳に記入し，朝の健康や気分状態等は通学時に口頭で学校の担任に連絡する。

　帰園後，子どもたちは学校の宿題，クラブ活動などを行い，プレイルーム，グラウンドなどで夕食まで自由に過ごす。職員は子どもの学校での様子を連絡帳で確認する。中学部，高等部の子どもは近くのコンビニエンスストアにて小遣いでの買い物をして楽しむ。お風呂の準備や洗濯をし，夕食をとる。後片づけの後は各自の部屋で友だちと談話したり，テレビ，音楽，本などを見たり聞いたりして思い思いに過ごす。小学部の子どもたちは夕食前に入浴し夕飯とな

表13－5　障害児入所施設の日課（奥中山学園）

時　　間	月・火・水・木・金	土	日
6：00	起床，着替え，洗面		
6：30	食事準備	起床，着替え，洗面	
7：00	朝食，食器洗い，歯磨き	食事準備，朝食	
8：20	登校	食器洗い，歯磨き	
午前〜午後	学校	自由時間，外出	教会礼拝
		昼食	
		自由時間，外出	
16：20	帰園　自由時間	夕食準備	
19：00	夕食，食器洗い，歯磨き		
21：00	入浴，宿題，自由時間　就寝		

＊日課の時間はおおよその目安とする。

る。その後はテレビやプレイルームで自由時間となる。およそ9時頃の就寝である。なお、発達障がいの対症療法として向精神薬を服用している子どももいるため、服薬の支援も重要である。てんかん薬を服用している子どもも多い。

　一般の家庭と同様に、日課の活動時間は緩やかに考えられている。子どもたちが快適に生活できるように、スケジュールを絵カードや文字で作成し、それを手掛かりに自立した生活ができるように工夫されている。

② **絵・文字カードを活用した支援**

　自閉症の子どもには、言葉に加え視覚情報による支援が効果的である。日常生活に見通しをもたせるために絵・文字カードを活用した支援を取り入れている。例えば、入浴での体の洗い方、トイレでの拭き取り方、タンス収納のラベルなど、カードを手掛かりに自分でできることを増やしている。

③ **余暇活動**

　施設で生活しているために、社会的な体験が少なくなりがちである。休日はバスや電車で公共施設や商店街などへ行き、芸術、娯楽やショッピングなどの生活を豊かにする活動も積極的に取り入れて楽しんでいる。

　また、地域社会との交流を深めるためにも、祭りや高校との交流などの行事を計画的に組み入れ、レクリエーションや社会活動をしている。

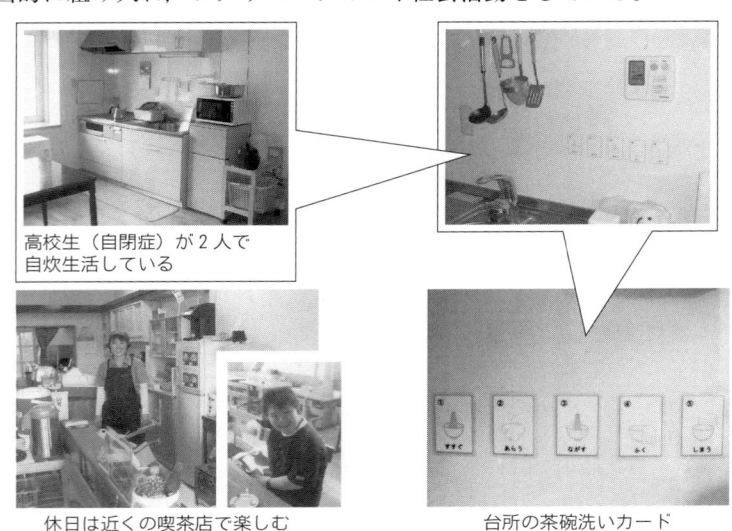

高校生（自閉症）が2人で
自炊生活している

休日は近くの喫茶店で楽しむ　　　　　　　台所の茶碗洗いカード

④　**自由な生活・クラブ活動**

　休日や放課後の生活は，自由に過ごすことが多い。自分たちの意志でスポーツや文化的な活動を希望する子どもたちについてはサッカーや音楽，美術などのクラブ活動が行われる。

⑤　**進路について**

　特別支援学校中学部の卒業後は，同じ学校の高等部か近くの高等特別支援学校へ進学する。特別支援学校では将来の自立に向けて，作業学習を中心とした教育課程のもとで職業に対する理解や働く意欲を育てる。

　あわせて社会生活を営む上で必要な金銭，社会資源の利用などの社会生活力を高める学習もされている。高等部を卒業すると自宅・グループホーム・ケアホームから通所の事業所，地域活動センター，会社などで働く。

⑥　**家庭・医療・教育・行政機関との連携**

　子どもの発達的ニーズが阻害されているので，医療的ケア，教育的ニーズに応えていくためには各機関との連携と協働が欠かせない。医療機関と家庭との連絡を密にしながら支援のための情報を共有している。特に，就労へ向けた移行支援の場合には行政担当者，コーディネーター，福祉事業者，教員，家族，本人を含めケアマネジメント会議をもって連携している。

⑦　**園内保育**

　学齢前の障がいが重度の子どもたちには，園内保育が行われる。保育所の活動に準じて，子どもの発達的ニーズに応じた内容となる。多くはテーマを設定した課題遊びと自由遊びで，紙，粘土，ボール，水などの感覚遊びやそれを取り入れた音楽，運動，造形活動や散歩などである。

　3）放課後等デイサービス：こどものデイサービスなないろ＜事例5＞

　2012（平成24）年の『児童福祉法』改正により位置づけられ，特別支援学校や小・中学校の特別支援学級の児童・生徒が，放課後に利用するサービス事業である。フルタイムで働く保護者が多くなっていることから，学校の放課後から家庭の両親の仕事が終わる時間まで子どもを預かり，居場所づくりをしている。放課後のおよそ13時から18時頃までが主に利用可能な時間となる。

① **活動内容**

　個別支援計画にのっとり，個人への療育と集団活動のルールを習得するための遊びを中心にした活動（運動・調理・感覚統合・読み聞かせ等）を行っている。また，家庭支援として保護者との相談の場がある。

② **学校，家庭への送迎**

　家庭の希望に応じて，自宅・学校等への送迎を実施している。

読み聞かせ

砂粘土での感覚統合

言葉発声の療育

グループでのかるた

（4）働いている職員

　施設や事業所で働く人の職種は，サービス管理責任者のもと施設長（管理者），児童指導員，保育士，看護職員，栄養士，調理員，嘱託医，事務員等で，それぞれがその職務に応じて子どもたちの生活を支えている。

（5）仕事の内容

　一般の家庭で行われている子育てと基本的には同じであり，子どもたちの生活・学習を支えるためのあらゆることが仕事である。

　施設で生活している子どもたちは，家庭よりは施設での養育が望ましいと考

えられる子どもである。例えば知的な発達の障がいによる認知的な弱さから起こる問題となる行動（強度行動障がいなど）をもつ場合がある。また，成長に伴い思春期の問題も現れやすい。そこには，専門的療育の機能も必要になってくる。これは通所の施設職員についても同様である。保育所や特別支援学校などと日々の健康や出来事の様子について，連絡帳や口頭で情報の交換を行う。さらに，離れて生活する保護者との連携も重要な仕事である。

また，在宅で生活している障がいのある子どもとその家族への相談支援も求められてきている。放課後の日中一時支援や児童デイサービス，発達相談，各種行事への参加もできるようになった。子どもへの専門的支援機能を生かして地域の子育て支援，発達相談機関などの役割も期待されている。

（6）今後の課題

1）個別の支援計画の作成

各関係機関と連携しながら成長・発達を支援する。

2）職員の研修

研修を通して，支援のための専門的スキルを高める。

3）地域の交流の推進

保育所等との連携を強化し，子育て支援の役割を果たす。

3──障害者支援施設（障害福祉サービス事業所）

（1）障害者支援施設の概要

『障害者総合支援法』に規定され，18歳以上の障がい者を保護するとともに，その社会自立に必要な指導および訓練を行う施設である。自宅やグループホーム等から通う通所の日中サービスと入所の夜間サービスがある。

障害者支援施設・事業所では，「自立」という目標に向かって生活指導，作業指導，自立訓練などが行われている。重度・最重度の利用者に対する身辺面の自立から，中・軽度の利用者の就労自立まで幅広い役割と機能を担っている。利用者の社会復帰を目的としているが，近年は高齢化や重度化の利用者の変化やインクルージョンの理念の高まりにより，個性の尊重や生きがいを重視

する機能への変化が求められてきている。施設の職員はそのことを念頭におき，一人ひとりの豊かな生活をめざし，自立に向けた支援を心掛けている。

　特に，2018（平成30）年に『障害者による文化芸術活動の推進に関する法律』が施行されたことから，学校を卒業しても学び続ける「生涯学習」への意識が高まっている。

（2）利用している人

　障がいがあり，日常生活を送る上で支障があり，各障害者手帳の交付を受けている18歳以上の人たちが利用している。知的障がいの利用者は軽度（C判定）・中度（B判定）・重度（A判定）まで広範囲である。他にも身体障がい者・精神障がい者・発達障がい者などの利用もでてきており，垣根がなくなってきている。サービスの利用については事業所が利用相談窓口になっている。

（3）施設の1日

1）第二新生園＜事例6＞

　本施設には入所部と通所部があり，知的障がいのある利用者に対し，自立に向けた指導，訓練等の支援を行っている。他のサービス事業としては日中一時支援，短期入所，自立訓練・体験などもある。

① ホームルーム

　利用者と担当職員との朝礼・集会など小グループで対話する時間である。

② 主な活動

　手芸班，紙工班，農作業班，受託作業班などがあり適性に応じて活動する。

機織り

織られた布は財布やメガネケースに加工される

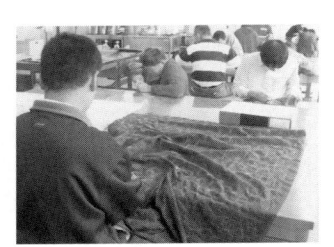

刺し子

（4）働いている職員

　障がい者を対象とする施設・事業所で働く人の職種は，サービス管理責任者のもと施設長（管理者），指導や援助に直接あたる生活支援員（直接サービス提供職員と作業指導員），看護師，調理員，事務員といった間接サービス提供職員がその職務に応じて利用者の生活と作業を支えている。

（5）仕事の内容

　利用者一人ひとりの可能性を引き出し，主体的に生きられるように援助する。具体的には利用者の**日常生活動作**（ADL）に対する援助，就労に向けた作業支援，文化・芸術などの社会活動や社会資源を活用するための援助である。また，相談などの精神面に対する援助も欠かせない。事業所のサービスには間接的にも家族や関係機関，地域社会で生活していく上での連携，調整の役割がある。さらに，**生活の質**（QOL）の向上に向けた在宅・地域の生活へ移行するためのグループホーム（GH）での生活支援も求められる。

表13－6　障害者支援施設の日課（第二新生園）

入所部		時間	通所部
平日	土・日・祝日		
起床		6：30	
掃除	起床	7：00	
朝食	掃除	7：30	
	朝食	8：30	登園
ホームルーム		8：45	
朝礼・体操等	自由時間	9：30	朝の会・体操
作業	余暇	10：00	作業
昼食		12：00	昼食
午後の活動	自由時間	13：45	午後の活動
	余暇	14：50	
入浴		15：00	帰りの会
		15：30	降園
夕食		17：30	
自由時間・余暇		〜	
就寝		21：00	

（6）今後の課題

1）地域生活移行の促進

地域で生活する条件を整え地域移行を促進する。地域との共生の視点が大切である。地域に密着したグループホーム・ケアホームの自立に向けた機能を強化していく。また，生きがいのある生涯学習に向けた機能を充実させていく。

2）人権擁護とサービスの質の向上

利用者の自己決定と選択を尊重し，その権利擁護の実現を図る。個人のニーズに応える多様な福祉サービスを提供し，個別の支援計画を中心に各機関と連携を取りながら利用者の自立を支援していく。

3）職員資質の向上と人材確保

職員の人材を確保する。職員の研修を進め，利用者支援のための専門性を高めるとともに適切なマネジメントガバナンス（人事労務管理）を実践する。

4——障害福祉サービス事業所（主に日中のサービス）

（1）就労支援を中心とする事業所（通所）の概要

『障害者総合支援法』のサービスでは次のように内容が決められている。

サービス全体としては，次のような福祉サービスがある。

＜訪問系サービス＞
在宅介護（ホームヘルプ），重度訪問介護，行動援護，重度障害者等包括支援，短期入所（ショートステイ）等
＜日中活動系サービス＞
生活介護，児童デイサービス，自立訓練，就労移行支援，就労継続支援等
＜居住系サービス＞
共同生活介護（ケアホーム），施設入所支援，共同生活援助（グループホーム）

障がい者への日中のサービス内容は，この中の自立訓練（機能訓練・生活訓練），就労移行支援，就労継続支援（「A型」は雇用型，「B型」は非雇用型）にあたる。一般企業の形態に近いA型は，障がい者と雇用契約を結び，都道府県の最低賃金を保障する。就労支援サービスを提供する事業所では企業での雇用が困難な人が，通所により就労に必要な技術を習得し自立をめざす。

（２）利用している人

療育手帳または受給者証を交付された18歳以上の知的障がい者等で，一般企業での就労が困難な人たちが主に通所している。サービス利用については，事業所が相談窓口になっている。『障害者総合支援法』の適用サービスの内容であり，利用者は事業所との契約により利用することになる。

（３）施設の１日

１）ヒソプ工房＜事例７＞

生活介護を中心とする通所の事業所である。障がいのある人が自立した日常生活または社会生活を営むことを目指している。そのために生産活動，創作活動，給食，介護サービス，訓練等のサービスを提供し，心のリフレッシュを図り，自らの精神的パワーを向上できるように支援している。

主に生活・活動支援事業を実施し，障害支援区分３以上の利用者が通所している。生活介護を中心とした日課に基づいて，利用者の状態に応じた支援プログラムを組んでいる。"生活支援中心タイプ"と"生産的活動中心タイプ"に分かれる。本事業所は生産的活動を中心としている。別館では創作活動と軽作業の生産的活動を中心としたサービスを行っている。他に，共同生活介護事業（ケアホーム），日中一時支援事業も行っている。

表13－7　日中活動系サービス事業所の日課（ヒソプ工房）

ヒソプ工房（本館）		ハーブ（別館）
月・火・水・木・金・土曜日（クラブ活動，月１回）		月・火・水・木・金
送迎出発	8：15	
	8：40	送迎出発
出勤・朝礼・作業	9：15	
作業	9：40	出勤・朝礼・作業
昼食・休憩	12：00	昼食・休憩
作業	13：15	創作・余暇活動
掃除・着替え	15：30	終了・後片づけ
退勤・送迎出発	15：50	退勤・送迎出発

① 作業内容

＜青果物加工＞

スーパーマーケットから野菜の袋詰めを受託している。ダンボールで運ばれてきた玉ねぎやジャガイモ等を決められた分量で計測し袋詰めする。

＜せんべい袋詰め＞

菓子店からせんべいの袋詰めを受託している。運ばれてきたせんべいを数え，決められた枚数を大きな袋に詰めている。

＜クッキー製造＞

手作りクッキーをブランド化して地域の産直や公共施設等で販売している。

＜リサイクル石鹸・バイオディーゼル燃料の製造＞

廃油をリサイクルして環境にやさしいエコ石鹸を商品化し，生協や自然製品の通販に卸している。

玉ねぎの袋詰め

せんべい25個ずつを袋詰めする

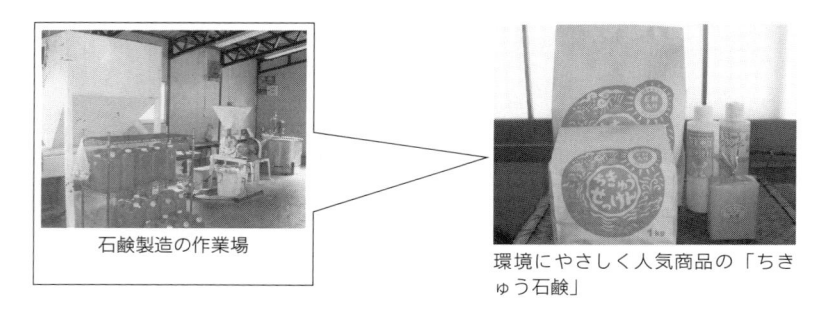

石鹸製造の作業場

環境にやさしく人気商品の「ちきゅう石鹸」

また，バイオディーゼル燃料の製造により，施設で使用しているディーゼル車の燃料として，送迎，生産活動，余暇活動などに有効利用している。

バイオ燃料の作業場

施設内にある給油所

② **創作・コミュニティー活動**

羊毛マット，フェルトボール，花，大豆，ミニトマトなどを栽培している。

他にもプール，地域の祭りへの参加，ショッピングセンターでの買い物など，地域での活動を楽しんでいる。

２）あすなろ園＜事例８＞

就労継続支援Ａ型を中心とした障害福祉サービス事業所である。障がい者が，その有する能力および適性に応じ，自立した日常生活または社会生活を営むことができるように必要な障害福祉サービスを提供し，福祉の増進を図ることを目的としている。

① **作業内容**

＜受託加工科＞

せんべい袋のラベル貼り，りんごのフルーツキャップ作り等地域企業からの受託作業を行っている。

表13－8　あすなろ園の日課

時刻	内容
8：30	登園，朝の送迎
9：30	着替え
9：40	朝礼，健康チェック，体操
10：00	午前の作業
12：00	昼食・休憩
13：00	午後の作業
15：00	後始末，清掃
15：20	着替え・終会
15：30	降園，帰りの送迎

フルーツキャップ作り

＜工芸科＞

自主製品の製作から販売までの作業を行っている。自動ミシンによるタオルへのネーム刺繡（ししゅう），手作りのデザイン刺繡を施したおしぼり，ふきん等を手掛けている。

手作りのデザイン刺繡

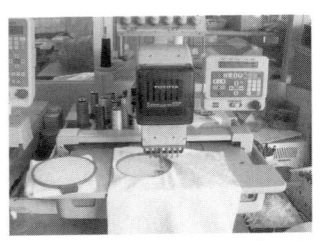

自動ミシンでのタオルへのネーム刺繡

他に，「商品販売科」では店頭販売，「委託作業科（出向作業）」ではアパートの巡回清掃作業，喫茶店の運営協力，「あすなろ屋（地域産直品販売店）」では菓子製造，食品梱包，店舗運営など，多様なサービスを提供している。

② レクリエーション活動

利用者同士が親睦を深めたり，地域との交流を図ったりするためのレクリエーション活動がある。

（4）働いている職員

サービス管理責任者のもと，施設長（管理者），作業指導員，職業指導員，生活支援員，介助員，看護職員，医師等といった直接サービス提供職員と，栄養士，調理員，事務員等といった間接サービス提供職員がその職務に応じて利用者の職業訓練を支えている。

（5）仕事の内容

さまざまな職業訓練・作業訓練を通して，一般企業への就職による自立をめざす職業リハビリテーションの機能をもつ通所の事業所である。同時に，一定賃金を保障する保護雇用の場でもある。障がいに即した多様な就労の場を提供し，その仕事に対する能力を高めるとともに，時々余暇活動や行事を設定し，

社会自立に向けての社会生活力の向上を図ることを目的にしている。

（6）今後の課題
1）最低賃金の保障に向けた取り組み
商品の品質を向上させ，一般市場でも売れるものを作る努力をすることで賃金確保を図っている。
2）企業との協力，連携
地域の企業や農協などからの受託作業を行う場合が多い。不良品のない確かな品質に仕上げて納品することが求められる。
3）技術指導者の確保
事業を充実していくためには，農業，調理・栄養，電気・電子部品などの技術指導ができる作業指導員を確保していく必要がある。

5──児童自立支援施設

（1）児童自立支援施設の概要
児童自立支援施設は，「不良行為をなし，又はなすおそれのある児童及び家庭環境その他の環境上の理由により生活指導等を要する児童を入所させ，又は保護者の下から通わせて，個々の児童の状況に応じて必要な指導を行い，その自立を支援し，あわせて退所した者について相談その他の援助を行うことを目的とする施設」（児童福祉法第44条）である。

この条文にある「不良行為をなし，又はなすおそれのある児童」とは，飲酒・喫煙・金品の持ち出し・家出・深夜はいかい・窃盗など，今は社会に迷惑をかけていなくても，将来これらの行為をなすおそれがある児童のことである。

つまり，社会のルールに反した結果，家庭において改善がなされないことから児童自立支援施設への入所に至る。そして，「家庭環境その他の環境上の理由により生活指導等を要する児童」とは，父母による放任や怠惰・養育拒否などの"虐待"による理由から，日常生活が困難な児童のことである。また，義務教育終了後に就職したものの仕事が長続きせず，家庭環境に起因する学力不

足や対人関係に問題があり，改めて学習指導および生活指導が必要とみなされる児童である。

さらに『少年法』によって①犯罪少年（罪を犯した14〜20歳未満の少年），②触法少年（刑罰法令に触れる行為をした14歳未満の少年），③虞犯少年（罪を犯すおそれのある少年）の場合，家庭裁判所の保護処分を経て，児童相談所の措置により児童自立支援施設や児童養護施設に入所する。

このような不良行為をなした少年や保護者のない少年，犯罪を犯した少年を保護・教育して更生を図る施設は，1900（明治33）年の『感化法』制定により感化院として法的に規定された。その後，教護院へと名称変更され，1997（平成9）年の『児童福祉法』の改正に伴い，現在は児童自立支援施設となっている。児童自立支援施設は，各都道府県は必ず設置しなくてはならないと法令により規定されている。また，国立の児童自立支援施設は，埼玉県の武蔵野学院と栃木県のきぬ川学院の2か所がある。

（2）利用している子ども

児童自立支援施設に入所している子どもの年齢は，12〜15歳が最も多く，平均在所期間は約1〜2年である。社会のルールを逸脱した子どもの他に，知的障がいや発達障がいのある子ども，また，近年の社会環境や家庭環境の変化に伴い被虐待児の入所が増加傾向にある。入所児童の特徴としては，基礎学力の乏しさ，年齢にふさわしい生活習慣が獲得されていない，対人関係が希薄などがあげられる。

入所経路は，「児童相談所の措置により家庭から」が59.3％，「児童相談所の措置より児童養護施設から」が15.7％，「家庭裁判所の審判により保護処分として送致」が12.3％，となっている（こども家庭庁「児童養護施設入所児童等調査の概要」，2024）。

（3）施設の1日

施設内にある寮での家庭生活や学科教育を中心として，規律正しい生活を送ることが大切である。小集団の中で情緒の安定を図り，学習への積極性を培い，社会的自立に向けて援助する。さらに，週末や祭日は，寮活動として外出

表13－9　児童自立支援施設の日課（例）

6：30	起床・洗面・掃除	15：30	教室掃除・余暇活動
7：30	朝食	16：30	掃除
8：30	登校・学習	17：30	夕食
12：30	昼食	18：30	入浴・自習・自由時間
13：30	学習	21：00	消灯
15：00	おやつ		

表13－10　児童自立支援施設での年間行事

4月	入学式・始業式	10月	スポーツ大会
5月	帰省・スポーツ大会	11月	学園祭
6月	プール開き・写生大会	12月	クリスマス会・餅つき・帰省
7月	キャンプ	1月	帰省
8月	帰省・夏祭り	2月	マラソン大会
9月	遠足	3月	修了式

（買い物）などがある。さらに，年間を通してさまざまな行事がある。

1）設　備

　寮舎，教室，体育館，運動場，プールなどの設備があり，家庭生活および学校生活が施設内で営まれる。

2）寮舎の形態

　一組の夫婦である職員が，自らの家族とともに10人前後の児童と生活し，擬似的な家庭生活を営みながら生活指導を行う「夫婦小舎制」と，職員が施設へ通勤して交代制で児童の支援にあたる「通勤交替制」がある。近年の社会状況や労働情勢から，夫婦小舎制は減少傾向にある。

3）学科教育

　学科教育は長らく施設の職員によって行われていたが，1997（平成9）年の『児童福祉法』改正により，入所児童を就学させる義務が設けられた。そのため，施設内に地域の学校の分校などを設けて学校教育を行う施設が増えている。

4）自立支援計画

児童自立支援施設における生活指導・職業指導は，児童の適性・能力に応じて自立した社会人として社会生活を営むことができるよう個々に合った計画を策定する。

5）関係機関との連携

施設長は，「児童の通学する学校及び児童相談所並びに必要に応じ児童家庭支援センター，里親支援センター，児童委員，公共職業安定所等関連機関と密接に連携して児童の指導及び家庭環境の調整に当たらなければならない」（『児童福祉施設の設備及び運営に関する基準』第87条）。

（4）働いている職員

児童自立支援専門員（児童の自立支援を行う者），児童生活支援員（児童の生活支援を行う者），嘱託医および精神科の診療に相当の経験を有する医師，個別対応職員，家庭支援専門相談員，栄養士，調理員などが配置されている。

また，職業指導を行う場合には，職業指導員を置かなくてはならないとされ，これらの職員が子どもたちの生活を支えている。

（5）今後の課題

1）虐待・障がい等への対応

被虐待児や発達障がいを有する子どもの支援のあり方については，感情のコントロールの弱さや認知機能の低さがみられる子どもは犯罪を起こしやすいことから，支援技術・方法の向上に努め，効果的な改善方法が望まれる。

2）アフターケア

退所後は，子どもが地域社会で自立した生活を送れるように学校，児童相談所，市町村，児童委員などによる連携した取り組みが必要である。

3）マンパワー

家庭的な形態である夫婦小舎制の維持，強化，人材を確保するとともに，職員の養成を強化していく。

障がい者の生涯学習

　わが国は2014（平成26）年に国連の「障害者権利条約」に批准したこともあり，2018（平成30）年には『障害者による文化芸術活動の推進に関する法律』が施行されました。これにより，障がい者による文化芸術の鑑賞・創造の機会を拡大していくこと，そのための環境整備を国や地方公共団体が後押ししていくことなどが定められました。このことは，障がい者にとって，学校教育を終了したあとの長い人生まで見通した生涯教育にもつながるものといえます。

　このような社会的背景もあって，障がい者の施設において創造的な文化芸術活動が盛んになってきました。行政の後押しもあり，「アール・ブリュット展」をはじめとした障がい者芸術展が各地で開催されています。また，絵画に限らず，ユニバーサルスポーツ，音楽，演劇などの活動も行われています。こうしたことは障がい者が生涯を通じて学び，取り組めることであり，QOL（生活の質）の向上に貢献するものといえます。

　昨今では，アートエンゲージメントという言葉も聞かれるようになってきました。絵を描いたり，スポーツで体を動かしたり，文化芸術活動に没頭することが脳を活性化させていくというものです。それが人間関係を広げ，孤立を防ぎ，認知症の予防や健康寿命にも関係する可能性が指摘されるようになってきました。

　このようなことをふまえて，例えば皆さんが福祉施設実習を終えた後の送別会などでは，自分の得意分野，楽器演奏や歌を披露したり，似顔絵やイラストなどを描いてプレゼントしてみてはいかがでしょうか。きっと施設の利用者を元気づけることになります。それに，自分の得意なことを携えて実習先に臨めば，実習も楽しくなるはずです。

■参考文献

- 岩手県：みんなのための障害者自立支援法，2009
- 岩手県児童養護施設協議会：岩手養護 第38号，2008
- 厚生労働省・全国社会福祉協議会：障害者自立支援法の円滑な施行に向けて，2009
- 宮口幸治：ケーキの切れない非行少年たち，新潮社，2019
- 全国社会福祉協議会：新版よくわかる社会福祉施設，2006
- 全国児童養護施設協議会：児童養護における養育のあり方に関する特別委員会報告書，2008
- 全国児童養護施設協議会制度検討特別委員会小委員会：子どもを未来とするために―児童養護施設の近未来像―，2003
- 松本峰雄・和田上貴昭編著：改訂子どもの養護，建帛社，2018
- 法務省法務総合研究所：平成17年版 犯罪白書，国立印刷局，2005
- 山縣文治監修：社会福祉の基礎資料，ミネルヴァ書房，2008

【追　記】

　本章の執筆に当たっては次の方々から貴重なご教示，ご協力を賜わった。記して感謝申しあげたい。

＜児童養護施設＞

菅野八重子（元和光学園長）

川島達夫（元みちのくみどり学園長），

佐藤　孝（青雲荘院長・理事長）

＜障害児入所施設・障害者支援施設・障害福祉サービス事業所＞

小玉敏夫（元ひまわり学園長）

佐藤真名（元カナンの園事務局長）

新沼昌彦（元第二新生園支援部長）

関ミチル（こどものデイサービスなないろ所長）

石川明博（手をつなぐ理事長）

阿部孝司（シャローム所長，元奥中山学園長）

山舘章子（奥中山高原　結カフェ代表）

大志田律子（元結カフェ店長）

以上職員の方々〔敬称略〕

第14章

福祉施設実習に向けて

1——福祉施設実習の目的

　福祉施設実習は，保育士の仕事内容を知る上で大切な機会である。実習を通して施設での保育士として働く上で必要な具体的な内容を知ることになる。実習の目的は，①大学等の養成機関で学習した理論や技術がどのように実践，展開されているのかを体験的に学ぶこと。そして，新たな学習課題を見つける。②ふれあいを通して子どもへの理解を深める。③保育士の役割や仕事の内容を知る。④職場での人間関係を学ぶ。⑤施設の社会や地域での役割を知る。⑥保育士の専門職としての役割を知る，などである。

　また，実習を体験することで，保育士の魅力を感じ，より学習を深めていく契機となる。さらに，自分の仕事に対する適性など職業を考える機会ともなる。

2——記録および自己評価

（1）実　習　日　誌

　実習中は毎日，実習日誌を書くことになる。その主な内容は，日課・業務に関わることと子どもや利用者たちとの関わりの中で生じたエピソードで考えたこと，戸惑ったこと，悩んだことなどである。ただ一通り毎日の出来事だけを網羅して記述するのではなく，自分としての考察をしっかり書くことが大切である。

　それに対して，担当職員からいろいろなコメントが寄せられる。その対話（ダイアローグ）が実習の意義でもあるし，実習を通して学ぶ大きな成果でもあるといえる。

　実習日誌の書き方として，児童養護施設の例を表14－1に示す。

表14-1　実習日誌の書き方（児童養護施設の例）

対象児　12名（男：7名，女5名）		年　　月　　日（　　）天気：晴れ
支援のねらい		・規則正しい日常生活が送れるように支援する。
実習のねらい・内容		・児童の心身の発達への職員の支援の仕方を学ぶ。
入所理由	軽度の知的障害	
時間	環境構成・対象児の活動	実習の内容（支援上の留意点）
6:45		○出勤。児童の様子の引き継ぎをする。
	○起床・朝食	・起床への声かけ，朝食へ誘導する。
7:00	○登校準備	○登校準備の支援をする。
	・歯みがき，着替え	・玄関見送り，小1A君の登校支援
8:15	・教科書等の準備	・学校まで一緒に行く（交通マナーに注意する）。
9:00	○幼児登園準備	○登園準備を支援する。
	・園服に着替える	・一緒に折り紙で遊ぶ。
		・排泄と園服着用の声かけをする（B君，Cさん）
	・排泄をする。	（バスを待つ間，部屋で静かに過ごす）
	・バス到着まで待機	・幼稚園への見送りをする。元気に送り出す。
10:00	（学校・幼稚園での	○午前の活動，幼児部屋の掃除，整理をする。
	生活）	○洗濯をする。
		・洗濯物は各部屋の指定場所に置く。
		・トイレ用タオルの交換をする。
		○靴下のネーム付け，ズボンの裾上げをする。
12:00		○昼食，休憩
13:15		○午後の活動
		・園全部のゴミの後片付け，D君のズック洗い。
14:20	○帰園	○小1A君の下校支援をする。
	・おやつ	・学校への迎え，手洗い，うがい，おやつ準備
	・宿題	○宿題の支援をする。
	・自由時間	・宿題を確認し，進めるように声かけをする。
16:00		○実習担当者と反省会をする。退勤。

支援のねらい：施設としての年間支援計画がすでに決められていること
が多い。実習担当者と協議して，この時期の活動のねら
いに即した支援のねらいを書く。

実習のねらい：施設側の支援のねらいを受け，実習するにあたっての実
習生としてのねらいを書く。

時間	環境構成・対象児の活動	実習の内容（支援上の留意点）
○出勤（実習開始）した時刻から時系列に書く。	○一日の活動内容について記入する。	○実習の内容について記述する。 ○対象児への支援内容を中心に記述する。 ○支援上の留意点などについて記述する。 <支援のレベル> 全面介助→一部介助→一緒にする→ モデルの提示→絵カード等で補助する →声かけ→見守るなど
○主な活動ごとの時間を記入する。	対象者児側の立場から活動内容を書く。	○文章だけで表記できないときには簡単な図などを用いてもよい。 支援を実習する側の立場から書く。利用者への主体性をうながす視点から「〜させる」という使役の表現はしない。
○退勤（実習終了）の時刻を書く。	○具体的な活動の内容について記入する。	○あまりに細かな記述はしない。要点を簡潔明瞭に書く。１ページの中に収めるようにする。個別な利用者への対応は，実名ではなくイニシャルで表記する。

（２）施設からの評価

１）実習評価票

　実習終了後には，施設からの評価が大学等の養成機関に送られてくる。岩手県の場合は，保育士養成施設統一の評価票の様式を作成している（表14－2）。

表14－2　実習評価票

実習生	所　属		施　設　名	
	学　科		施設長氏名	印
	氏　名		指導者氏名	印

期間	年　月　日（　）から 年　月　日（　）まで	日間	出勤	日	欠勤	日	遅刻	日	早退	日

評価の項目		評　価　の　観　点	評　価（該当する箇所に○印を記入）				
			実習生として非常に優れている	実習生として優れている	実習生として適切である	実習生として努力を要する	実習生として成果が認められない
態度	礼儀	身だしなみが清潔で，人に対して言葉遣いやあいさつなど礼儀正しく接したか					
	明朗さ	明るくハキハキしていて，好感を与えたか					
	積極性	まじめに積極的に実習したか					
	協調性	職員や他の実習生と協力的であったか					
知識・技能	対象児(者)とのかかわり	対象児(者)と進んでかかわりをもつことができたか					
	身辺処理	着脱衣・入浴・食事などの支援ができたか					
	衛生・安全	衛生・安全への配慮や対応ができたか					
	環境への配慮	生活環境への清潔・整頓への配慮ができたか					
	実践	対象児(者)に対して，適切な支援(指導)ができたか					
	記録の提出	提出期限をよく守ったか					
	実習記録	要点を的確に記録できたか					
	反省	反省点を次の活動に生かすことができたか					
	保育者としての倫理観	守秘義務の遵守について理解し，モラルをもった行動をとることができたか					
総合評価		態度，知識・技能をもとに総合的に評価してください					
総合所見							

評価の場合，規準（評価の観点）と基準がある。「態度」と「知識・技能」の２領域13項目の規準と総合評価を含め５段階（実習生として非常に優れている〜成果が認められない）の基準を考え，総合所見を書くように作成している。

２）施設職員との懇談会から学ぶこと

保育実習，施設実習でお世話になっている保育所・福祉施設等の方々を招待して懇談会を開き，現場との連携を図っている。このような機会に多くの施設の実習担当者，園長などといった参加者からいろいろなご指摘をいただく。

児童養護施設の職員からは，「子どもの事実の姿から目をそむけない」「かかわりのなかでいろいろな感情が沸き起こるが，嫌なことでも指導していかなくてはならない」「自分の素直な気持ちを『言う』こと，子どもに伝えようとする事実が大切である」とのこと。子どもたちと接していると，いろいろなトラブルが生じるが，それが当然の生活なのである。友達同士のけんか，いじわる，物の奪い合い。そこで生活をともにする生活指導員がいる。子どもたちと生活をともにする場合，平等かつ公正な関わりが必要となる。

他の職員から実習生に対する助言としては，「何か１つ職員に話を返してくれれば理解はさらに深まる」「学生さんの実習を受け入れるのは社会への恩返しだと思っている」「やはり，あいさつと笑顔と元気，素直さが一番なので，それを心掛けるようにすること」「玄関に立つ姿で，その人となりはわかる。出会いの印象が大切。意欲をもって実習に臨んでほしい」「失敗を恐れ，何もしないところには失敗もないが進歩もない」「組織の中で自分ができることを探して仕事をするようにする」などであった。

３）施設長の実習事前指導の講義から学ぶこと

実習が始まる前に，現場の施設長からいただいた事前講話の概要を紹介する。

> ちょっとした出会いが，人生を変えることがある。自分が高校生の頃，通学の電車で手話によって絵本を読み聞かせる親子に出会った。そのときに障がい者と関わる仕事に就きたいと思った。重度の障がいのある方たちが入所する施設で実習をした。怖さや不安があったのを覚えている。食事や排せつの介助などが主な仕事であった。しかし，実習の後半にもなるとこのような仕事もいいと思えるようになってきた。そのときの経験は忘れられない。

今では所長という立場になったが，これまで実習生を引き受けてきて，よかった実習生のことを話したい。

① 元気よくあいさつができる実習生
② 掃除の仕方がわかっている実習生
③ 利用者に積極的に関わっていく実習生
④ ある程度のおしゃれができ，清潔感のある服装の実習生
⑤ コミュニケーションが上手にできる実習生
⑥ 障がいに対する理解があり，自然な関わりができる実習生，など

特に自閉症の方は，新しいことや変化が苦手なので，外部から頻繁に実習生が来ることを好まない方もいるが，一方で楽しみにしている利用者さんもいる。知的障がいのある分，人の心を読み取る力に優れている。心にバリアーがあると利用者さんは寄り付かない。施設は実習生を受け入れることによっていろいろな刺激をもらう。また，将来の人材を育てるという社会的な役割もある。いろいろな条件がある中での実習になるので，実習から何かを学ぶという意欲をもって臨んでほしい。

（3）自己評価

実習に臨むにあたり，自分なりにその目的を明らかにしておくことが必要である。実習日誌には，自己紹介も兼ねて実習に対する抱負を書いて，あらかじめ実習先に送ることが多い。次に施設実習を終えた学生の日誌を紹介する。

私は障害者支援施設で実習前のオリエンテーションのときに所長さんから教えていただいたことがあった。保育実習ではこれを拠り所として取り組んだ。それは次のようなことである。

① 利用者にレッテルを貼る前に，自分は何を考えて取り組んできたかを考えること（自己分析，自己知覚）。
② 利用者は言葉の反応がなくても，私たちが気づかない返事をしていること（言葉にならない言葉を聴く）。
③ 直接関わることで感性を磨いて，たくさんのイメージをもって関わっていくこと（豊かな感性）。
④ 人と関わることで相手も変わるが，自分も変わること（自己変容，成長）。

私は歌を歌うことと本の読み聞かせが得意なので，この得意なことで，積極的

に関わっていこうと思った。テレビを見ていた人には，そのテレビで流れた歌を，ご飯を食べに行くときには，「お腹の減る歌」を。そうしたら，急に利用者さんが近づいてきた。それが，信頼感や親近感を生んだ。コミュニケーションを図りながら，信頼関係を築いていくことが必要であると思った。

　また，利用者の方が自分を嫌いではないかと勝手に思い込んでいた。関わりが少なかったのは，自分が傷つくのが嫌で，守りに入っていた自分に気がついた。園長先生からの資料に「自立の指導の基本は，利用者の方が援助者に意志を伝える方法を見つけること」とあった。今回の実習を通して，障がいのある方とのコミュニケーションと支援のあり方について考えることができた。

（４）実習の事前学習と事後

１）事 前 学 習

　自分がどのような施設で実習するかについては，実習先を選択する段階から始まっているといえる。自宅の近辺にはどのような福祉施設があるのか。そこにはどのような人たちが入所あるいは通所で利用しているのか。自宅からどのような交通手段で通勤できるのかなど，リサーチしなければならない。多くの保育士養成校では，実習協力施設として実習先を前年度から確保しているが，自己開拓をしなければならない場合もある。実習先が決定したら，施設のリーフレットやホームページなどにより，本格的に施設について調べる。施設の目的，歩みなどの歴史，精神・方針，利用者や職員数などは，事前知識として得ておくことが必要である。

　さらに，施設の実習担当者と電話等で連絡を取り合い，実習にあたってのオリエンテーションの日時，場所なども電話等で確認する。

　また，実習開始日時，終了日時，通勤方法，出勤時間・休日，服装，持ち物，食事代などの確認も必要である。

　実習の初日は余裕をもって出勤する。職員や利用者の方々との出会いは緊張しがちであるが，素直に自分を表現してあいさつすることが大切である。疑問な点がある場合には，率直に実習担当者に尋ねるようにする。

２）事　　　　後

　実習の最後の日には，実習日誌に最後のまとめをし，施設長および関係職

員，利用者たちにあいさつをして終了となる。

　実習を通して，自分の目標がどのくらい達成されたか省察することが大切である。それをレポートにまとめて大学等の実習担当者に提出する。

　そこで，実習の様子やエピソードなどを通して，自分自身が学んだことや課題となったことについて触れることが大切である。個人情報保護ということもあるので，個人が特定できないようにしながら実習担当教員との情報交換も大事である。

　また，実習終了後には，すみやかに施設長宛てに礼状を出すことも忘れないようにする。そこで実習を通して学んだことや課題についても触れておくとよいだろう。さらに，お世話になった施設の職員や利用者に向けた手紙も添えるとより印象深いものとなる。実習を契機に大きな行事にはボランティアの機会を得ることもあり，より実習体験に深みが出てくることもある。

　施設での実習は，実習者に限らずに受け入れる施設職員にとっても施設の基本理念や支援の在り方を見直す有意義な機会となることが多い。実習生は学ぶという謙虚さを忘れず，実習施設の規則や大学の規定に従って事故がなく実り多い実習になるように臨むことが大切である。

3）その他の注意事項

・実習では多くのエピソードが生まれ，大変なことも楽しかったこともあるだろう。しかし，実習での感想や写真などをインターネット上のSNSなどにあげてしまうようなことは，守秘義務の観点から問題があるため，あってはならない。そうした行為により実習先や子ども・保護者等に不利益が生じた場合，実習生の立場でどのように責任がとれるだろうか。実習の様子などを公の場にさらすようなことは，厳に慎まなければならない。実習中に生じることに関しては，実習日誌等を通して，実習担当者・主任などとのやり取りの中で解決を図るように心がける。

・実習後も手紙やメール，SNS等を通して施設の子どもたちとの関係をもとうとすることは望ましいことではない。子どもたちから住所や連絡先などを教えてほしい要求されることもある。しかし実習はあくまでも資格取得に関わる授業の一環として，養成校と施設との信頼関係のもとで実施するものであるため，そうした個人的な情報のやり取りは行わない。礼状などを出す際

は，養成校の住所・連絡先とし，施設の所属長宛てにやり取りを行うようにする。実習前後を通じて，個人的な関係が疑われるような行動はとらない。
・実習先への通勤は原則として公共交通機関を利用する。ただし，交通が不便な場所に立地している施設もある。そうした場合は，保護者等による送り迎え，あるいは保護者と施設側の許可をとっての自家用車使用となる。その際，運転には細心の注意を払い，友人等を乗せて通勤をしない。なお，事故などが発生した場合には，すみやかに養成校へ連絡し，実習担当教員から指示を受ける。
・実習にあたって事前に疑問点が生じた場合は，実習担当の教員と相談する。問題が起こった場合には，すみやかに養成校の担当部署（学生部・教務部など）や指導教員に連絡し，対処方法の指示を受けて行動する。

■参考文献

・栗山宣夫・小林徹編著：福祉施設実習テキストブック，建帛社，2022

■ 索 引 ■

執筆者一覧

〔編著者〕 （執筆分担）

和田上貴昭	日本女子大学家政学部教授	第1章，第9章
坪井 真	作新学院大学女子短期大学部教授	第3章

〔著 者〕（執筆順）

阿部 孝志	敬愛短期大学准教授	第2章
髙橋 雅人	湘北短期大学准教授	第4章
赤瀬川 修	安田女子大学教育学部准教授	第5章
渋谷 行成	元玉川大学教育学部教授	第6章
近藤 政晴	母子施設等（しらとり・きずな・たっち）管理統括責任者	第6章
髙橋 直之	児童養護施設東京育成園施設長	第7章
中安 恆太	和泉短期大学教授	第8章
野坂 洋子	佐久大学人間福祉学部講師	第10章
木村 秀	共立女子大学家政学部准教授	第11章
竹並 正宏	九州栄養福祉大学食物栄養学部特任教授	第12章
嶋野 重行	盛岡大学短期大学部教授	第13章，第14章

はじめて学ぶ 子どもの養護

2025年（令和7年）4月15日　初版発行

編 著 者	和田上　貴　昭
	坪 井　　　真
発 行 者	筑 紫 和 男
発 行 所	株式会社 建 帛 社 KENPAKUSHA

〒112-0011　東京都文京区千石4丁目2番15号
TEL（03）3944－2611
FAX（03）3946－4377
https://www.kenpakusha.co.jp/

ISBN 978-4-7679-5152-2　C3037
亜細亜印刷／田部井手帳
© 和田上貴昭，坪井真ほか，2025.
Printed in Japan
（定価はカバーに表示してあります）